普通话口语教程

Oral Mandarin Course

胡 霞 主编

中国科学技术大学出版社

内 容 简 介

本书是依据《普通话水平测试实施纲要》编写而成的普通话口语教程,旨在为考生介绍普通话水平测试的相关事项。全书共分为 10 章:第一章阐述普通话口语训练的意义;第二章至第六章为普通话基础知识;第七章至第十章为普通话实际操作训练。

本书适合高等院校的学生、中小学和幼儿园教师及成人学习普通话使用,同时也可作为参加国家普通话水平测试、考取普通话等级证书的指导用书。

图书在版编目(CIP)数据

普通话口语教程/胡霞主编. —合肥:中国科学技术大学出版社,2019.6(2020.8重印)
ISBN 978-7-312-04697-1

Ⅰ.普⋯　Ⅱ.胡⋯　Ⅲ.普通话—口语—高等学校—教材　Ⅳ.H193.2

中国版本图书馆 CIP 数据核字(2019)第 086634 号

出版	中国科学技术大学出版社
	安徽省合肥市金寨路 96 号,230026
	http://press.ustc.edu.cn
	http://zgkxjsdxcbs.tmall.com
印刷	合肥市宏基印刷有限公司
发行	中国科学技术大学出版社
经销	全国新华书店
开本	710 mm×1000 mm　1/16
印张	14.5
字数	300 千
版次	2019 年 6 月第 1 版
印次	2020 年 8 月第 2 次印刷
定价	42.00 元

前　言

《普通话口语教程》终于和大家见面了。本书是在自编讲义的基础上修订而成的,是笔者15年教学生涯的一点感悟和心得。

本书是为在校学生学习普通话而编写的。考虑到学生专业差别大、对语言能力的要求不一致的特点,本书加强了语音训练,简化了理论知识,便于同学们练习。本书除了声、韵、调的教学内容外,还增加了发声训练,每次的作业中都对其有所强调,希望同学们持之以恒地练习,提高自己的普通话水平。

本书还有很多短文训练,能让学生在日常学习中进行无负担的训练。书中通过一个叫作"胡老师说说"的栏目,把笔者的学习、实践心得与大家进行交流。

为了方便学生参加普通话测试,本书不仅在结构上对声、韵、调做了系统的总结,也把普通话测试的文章进行拼音注释,注音一般只标本调,不标变调。作品中的必读轻声音节,拼音不标调号。每篇作品第400个音节后用"//"标注,后面为非考试内容。作品中的儿化用"r"表示,有些虽然没有书面"儿"字,但在普通话里一般儿化的音也标注了"r"。

普通话是口耳之学,所有的训练都应该在老师的指导下进行。本书选用了大量的词汇、绕口令、散文作为训练的素材。本书不仅对语音、词汇、语法进行训练,还对学生的语言组织能力、语言礼仪进行训练。学生们可以通过朗读与朗诵、演讲、讲故事、沟通等训练,逐步提高自己的口语表达能力,使自己在人际交往中能够做到语言优美、文明得体。

通过学习,学生们可以逐渐达到以下三个层次:第一层次,可以使用规范的普通话进行交流,语音、词汇、语法没有明显的缺陷;第二层次,能够使用规范的普通话交流,语音、语法、词汇基本准确;第三层次,能够使用标准的普通话进行交流。

本书主要依据《普通话水平测试实施纲要》编写,参考了王璐老师主编的《播音员主持人训练手册》,同时还参考了一些相关教材,介绍了一些著名播音员的实践经验,在此对他们一并表示感谢。

  由于笔者的水平有限,书中存在不足之处在所难免,恳请读者提出宝贵意见!

胡　霞
2018 年 12 月 25 日

目 录

前言 ··· (i)

第一章　普通话口语训练的意义 ································· (1)

第二章　发声训练 ··· (6)

　第一节　气息控制训练 ··· (6)

　第二节　共鸣训练 ··· (8)

　第三节　吐字归音训练 ··· (9)

　第四节　声音弹性训练 ··· (13)

第三章　语音与语调 ··· (17)

　第一节　普通话的常用概念和声调、调值、调类 ········ (17)

　第二节　汉语声调发声训练 ··································· (19)

第四章　普通话声母训练 ··· (22)

　第一节　b、p、m、f 的发声训练 ···························· (23)

　第二节　d、t、n、l 的发声训练 ····························· (26)

　第三节　g、k、h 的发声训练 ································· (28)

　第四节　j、q、x 的发声训练 ································· (30)

　第五节　zh、ch、sh、r 的发声训练 ························· (33)

　第六节　z、c、s 的发声训练 ································· (35)

第五章　普通话韵母的训练 ······································ (38)

　第二节　复韵母的发声训练 ··································· (43)

　第三节　三合中响复韵母 ······································ (47)

　第四节　前鼻音韵母的训练 ··································· (49)

　第五节　后鼻音韵母的训练 ··································· (52)

第六章　音变 ··· (57)

第一节　上声的变调 ………………………………………（57）
第二节　"一""不""啊"的变调 …………………………（59）
第三节　轻声 ………………………………………………（62）
第四节　儿化 ………………………………………………（63）

第七章　朗读与朗诵 …………………………………………（66）
第一节　朗读的基本要求 …………………………………（66）
第二节　朗诵的基本常识 …………………………………（69）
第三节　音量与节奏 ………………………………………（72）
第四节　停顿、重音、语流、语调 ………………………（79）

第八章　演讲 …………………………………………………（85）
第一节　演讲前的准备 ……………………………………（85）
第二节　演讲的礼仪 ………………………………………（87）
第三节　演讲稿的创作 ……………………………………（89）
第四节　即兴演讲 …………………………………………（96）

第九章　讲故事 ………………………………………………（98）
第一节　故事稿的创作 ……………………………………（98）
第二节　讲故事的表演艺术 ………………………………（102）

第十章　沟通的艺术 …………………………………………（108）
第一节　语言的素质及沟通能力的训练 …………………（108）
第二节　沟通的技巧 ………………………………………（111）
第三节　倾听的艺术 ………………………………………（113）
第四节　沟通的礼仪 ………………………………………（116）

附录一　普通话水平测试用必读轻声词语表 ………………（121）

附录二　普通话水平测试朗读作品60篇 ……………………（126）

附录三　普通话水平测试说话题目30个 ……………………（217）

参考文献 ………………………………………………………（223）

第一章　普通话口语训练的意义

一、普通话的内涵

什么是普通话？

普通话是指我国国家通用语言，现代汉民族的共同语，以北京语音为标准音，以北方话为基础方言，以典范的现代白话文著作为语法规范的现代汉民族共同语。

因此，普通话涵盖了五个方面的内容：国家通用语言、汉民族共同语、语音、词汇、语法。说好普通话必须要认识到普通话的重要性。

二、普通话口语训练的关键

（一）开阔视野，大量阅读

多看书、多学习、多观察、多积累是非常重要的。语言表述时需要我们比较快地在大脑中进行编码，脑海中储存的词汇和语句越丰富，我们的语言生成能力就越强，语言就越生动，语言的呈现样式就会多样化。生动智慧的语言、优雅含蓄的语言、幽默风趣的语言、干净利落的语言等风格迥异的语言的形成都是和我们的阅读与视野分不开的，还有引用各类俗语、古语、文献、诗歌、散文等，都需要平时的大量积累，而阅读则是提升语言品味的重要途径。

（二）尊重他人，礼仪沟通

口语表达的最终目的是培养自己的沟通能力，沟通的核心并不是滔滔不绝和夸夸其谈，而是由尊重他人达到尊重自我，由内而外地呈现个人的修养，展现出恰到好处的体面和从容。出色的沟通能力体现了个人得体的礼仪，这样才能成功构建人与人之间沟通的桥梁，让自己散发出优雅的气质，从而使自己成为社交活动中闪耀的明星，其力量和价值都无可比拟。一个尊重他人、懂得礼仪沟通的人，在任何场合都是受欢迎的人。

（三）聆听精品，模仿学习

口语表达有艺术语言和应用语言之分，不仅要学会区分这两种语言的表达方式,更要懂得将这两种语言方式进行有机的结合,为我所用,让我们的语言应用达到较高的艺术境界。如何用动听的声音、合适的音量、生动的表情、严谨的思维、规范的语法、准确的词汇、标准的语音、文明的态度进行表述,需要我们有意识地去训练自己,养成良好的语言表达习惯。

学习语言大师的表达技巧。多听演讲、多看话剧、多听新闻、多向主持人学习,掌握他们各自鲜明的语言特色,多分析、多模仿,研究并发现他们语言表达方式的魅力所在,针对自己的语言进行有计划的训练。

(四)珍惜机会,实践锻炼

多参加演讲、讲故事、朗诵、辩论等活动,锻炼自己的语言,多给自己一些命题说话,训练自己的口语表达能力。

三、学好普通话,走进新时代

自古有"一言之辩重于九鼎之宝,三寸之舌强于百万雄师"的说法,对于个人来说,语言是第二张身份证。你的语言透露着你接受的教育、你的职业特点、你的生存环境等信息。虽然语音面貌与个人的教育没有必然的联系,但是这种文化印象却是你无法回避的。口语能力是人类社会最重要的能力之一,随着社会的发展,职业种类越来越多,职业特点越来越趋向于服务化,口语能力的强弱就显得非常重要。语音优美动听、清楚明白、吐字归音准确,都是语言的魅力。学好普通话可以为你的人际关系、社会交流提供有益的帮助。

四、怎样才能学好普通话

一个人的语言魅力可以从两方面来衡量:首先是语音发声,其次是语言表达。字音的改善是最难的,也是最艰巨的,需要花费大量的时间、精力。

普通话是一门语言的实践课,旨在学习标准的、规范的语言,培养学生具有较强的口头表达能力,并能流畅地使用这种全国通用语言的能力。

普通话不经过专门的、系统的和长时间的学习,很难全面掌握其理论体系。要想说好普通话,就一定要多说并加强实践,如果把大量的精力放在理论学习上,效果可能不会很好。希望大家在学习普通话的过程中要多听、多说、多练,持之以恒,坚持两三年,一定会有收获。

五、学习普通话的注意事项

学习普通话的注意事项主要有:

(1) 重视语音学习。从语法和词汇方面来说,方言和普通话的区别是有限的,而且通过语文课的学习,我们已能基本掌握大部分语法和词汇,关键在于对语音的学习。

(2) 必须掌握普通话特殊的语音"音变"现象,主要是轻声、儿化、上声变调、"一""不"变调和"啊"的音变,其规律性极强。

(3) 要通过不断的模仿、练习和运用,掌握普通话的语调,培养良好的语感。

(4) 持之以恒地进行发声训练,训练自己的声音,使自己的语音更有气质、更有魅力。

六、上好普通话课的几点要求

上好普通话课的要求主要有:

(1) 明确目的,端正态度,提高自觉性。

要上好普通话课,首先要明白:虽然人人都会说话,但说话有文野之分,能力有高下之别。要做到善于说话,就必须进行说话训练。说话训练的态度端正了,再克服不愿说、不敢说的心理弱点,发挥说话训练的自觉性,就会有显著的效果。

(2) 掌握方法,讲究实效,注重实践性。

语言是一门学科,要提高说话能力,就一定要按照提高说话能力的规律来进行训练。如果以为多说就能把话说好,那么这种认识是片面的。要提高说话能力当然要多说,但多说也要按照科学的方法来进行:一是要多听,多听能提高说话能力;二是要多思,语言是思维的载体,语言和思维是不可分的,只有一边训练,一边思考,说话能力才会逐渐提高。

(3) 通过苦练,提高说话能力。

一种能力的获得绝非一朝一夕之事。俗话说:"拳不离手,曲不离口。"因此,单靠普通话课上的练习是不够的,还要利用一切机会进行反复的训练。说话训练时也要做有心人,只要做到口到、耳到、心到,说话能力肯定是可以提高的。

七、普通话水平测试

普通话水平测试是一项全国统一的国家级考试,考试形式以口语考试为主,并且采用单独考试的模式,其考试成绩全国通用。

普通话水平测试共有五大题。第一题是读 100 个音节的单音节字词,第二题是读 50 个双音节词语(100 个音节),第三题是词语判断题,第四题是朗读作品,第五题是说话题。很多省份不测试第三题,只测试其余四大题,以下介绍的是常测试的四大题。

普通话测试的第一题是读单音节字词,主要是测试单音节发音是否准确。在测试的过程中,应试人要匀速地从左到右横向朗读,保证字音清晰,做到声韵、调正确。

普通话测试的第二题是读双音节词语,主要是测试词语的轻重格式。这些词语中有必读轻声,有儿化词语,还有其他的词语也需要注意轻重格式。必读轻声请参考必读轻声词语表(详见本书附录一)。

普通话测试的第三题是朗读题,主要是测试语流变化。这些作品都来自60篇朗读作品(详见本书附录二),在朗读时注意不加字、不减字、不换字、不颠倒、不重复朗读,语速适中,语流音变正确,语言表情达意自然、不夸张,能够把作者的思想感情准确地表达出来。

普通话水平测试的第四题是说话题,主要是测试应试人在没有文字凭借的情况下说普通话的水平。本题共40分,在测试中分值最高。这一题有两个说话题,考生任选一题回答,说话题需要说满3分钟,这些说话题都来自30个说话题目(详见本书附录三)。在后面的章节里给大家关于语音的所有训练的最终目的就是让大家说好普通话,普通话的最终检验也应该是通过说话题的测试来完成的,毕竟我们的语言是要用于学习、工作、生活和社会活动中的,普通话可美化人与人的交流和沟通,从而使我们达到更好的语言状态,帮助我们提升个人的社会价值。

八、普通话水平测试等级划分

普通话水平采用三级六等的记分方式,共分为三个级别,每个等级分为两个等次,具体如下:

一级甲等:97分以上;

一级乙等:92分以上但不足97分;

二级甲等:87分以上但不足92分;

二级乙等:80分以上但不足87分;

三级甲等:70分以上但不足80分;

三级乙等:60分以上但不足70分。

(1) 师范系统的教师和毕业生,普通话水平不得低于二级,其中普通话语音课教师和口语课教师必须达到一级。

(2) 普教系统的教师以及职业中学与口语表达密切相关专业的毕业生,普通话水平不得低于二级。

(3) 非师范类高等院校的教师以及与口语表达密切相关专业的毕业生,普通话水平不得低于二级。

(4) 广播电视教学的教师,普通话水平不得低于二级。

(5) 报考教师资格的人员,普通话水平不得低于二级。

(6) 国家级和省级广播电台、电视台的播音员和节目主持人,普通话水平必须达到一级甲等,其余广播电台、电视台的播音员和节目主持人的达标要求由广播电影电视部另行规定。

(7) 电影、话剧、广播剧、电视剧等表演、配音人员,播音、主持人专业和电影、话剧表演专业的教师和毕业生,普通话水平必须达到一级。

(8) 其他应当接受普通话水平测试的人员(如公务员、律师、医护人员、导游员、讲解员、公共服务行业的营业员等),其达标等级可根据不同地区、不同行业特点由省级语言文字工作委员会确定。

胡老师说说

很多人分不清普通话和北京话的区别,他们认为"以北京语音为标准音"就是将北京话等同于普通话,这是不科学的。首先,普通话不等于北京话,它们的联系与区别在于:普通话的声、韵、调系统来自北京话,而北京话的许多词汇、语法却并没有被标准普通话所接纳。土生土长的北京人在语调、词汇、发声方式等方面和普通话有显著共性,但是由于普通话与北京话本身太过相似,所以并不存在两者切换的说法,比如,说标准的普通话与有着北京口音的朋友交流,并不会有什么违和感。但普通话最为标准的地区并不在北京,而是在河北省承德市滦平县。

第二章　发声训练

由于发声条件的不同,每个人的声音是不一样的。世上没有完全相同的两个声音,因此我们说的"好声音"就是在自己发声条件的基础上,发挥所长,克服所短,扩展自己的能力,找到自己最好的声音。

语音发声优美,有助于传情达意,有助于在沟通的过程中给大家留下美好的印象,离开这一基本要求去追求某种固定格式的"美声"是没有意义的。

对"好声音"的要求可以归纳为以下几个方面:

(1) 准确规范、清晰流畅。

在语言表述过程中要流畅,不能"蹦字",要听起来如潺潺流水,迂回向前,生动活泼。所谓清晰,是指吐字要清楚明晰、不含糊,有正确的停顿和适当的节奏,不要前言不对后语或者结结巴巴,使人听不明或弄不懂。

(2) 圆润集中、朴实明朗。

圆润集中、朴实明朗是对声音的基本色彩的要求。声音要润泽、不干涩、吐字颗粒饱满、珠圆玉润,使声音圆润集中。如果说"正确清晰"是要求声音表达科学化的话,那么,"圆浑清亮"则是要求声音表达艺术化。

(3) 刚柔并济、虚实结合。

发音吐字坚韧、清越、有弹性,能够刚柔并济、虚实结合。其中,坚韧是指声音坚实、耐久、有力、有始有终;清越是指声音宛转悠扬,给人留下深刻的甚至是难以磨灭的印象。

(4) 色彩丰富、变化自如。

声音色彩是语言的感情外衣,人的情感是不断变化的,声音色彩也是在变化中体现出来的。

我们进行发声训练的目的是要拥有"好"声音,从而达到愉悦的交流效果。

第一节　气息控制训练

呼出的气息是人体发声的动力,声音的强弱、高低、长短及共鸣状况,与呼出气息的速度、流量、压力大小都有直接的关系,人们只有通过对气息的控制才能做到对声音的控制。在说话的过程中,要处理好说话和呼吸的关系,必须注意以下几点:尽可能轻松自如,吸气要迅速,呼气要缓慢、均匀,吸入的气量要适中;尽可能在说话中的自然停顿处换气,不要等说完一个长句才开始换气,这样会显得说话很吃力;尽可能使说话时的姿势有利于呼吸,无论是站姿还是坐姿,都要抬头、挺胸、收腹、双脚并立平放。

一、气息控制的基本训练

练习一:
(1) 缓慢吸气。如闻花香,完全放松地从容吸气,深吸入丹田。
(2) 缓慢呼气。如吹灰,轻轻呼出气体,控制气息,力求时间更久。
练习二:
(1) 缓慢吸气。如闻花香,完全放松地从容吸气,深吸入丹田。
(2) 发"s"音时轻轻送气,控制气息,力求时间达30秒以上。
练习三:
(1) 快吸慢呼练习。快速吸气,缓慢呼出,控制气息。
(2) 补气练习。吸一口气,缓慢呼出,当气息呼出一半时快速吸气,再缓慢呼出,反复几次。

二、绕口令练习

数 葫 芦

一口气数不了二十四个葫芦、四十八块瓢。

一个葫芦两块瓢,两个葫芦四块瓢,三个葫芦六块瓢,四个葫芦八块瓢,五个葫芦十块瓢,六个葫芦十二块瓢,七个葫芦十四块瓢,八个葫芦十六块瓢,九个葫芦十八块瓢,十个葫芦二十块瓢,十一个葫芦二十二块瓢,十二个葫芦二十四块瓢,十三个葫芦二十六个块瓢,十四个葫芦二十八块瓢,十五个葫芦三十块瓢,十六个葫芦三十二块瓢,十七个葫芦三十四块瓢,十八个葫芦三十六块瓢,十九个葫芦三十八块瓢,二十个葫芦四十块瓢,二十一个葫芦四十二块瓢,二十二个葫芦四十四块瓢,二十三个葫芦四十六块瓢,二十四个葫芦四十八块瓢。

三、作业

(1) 气息训练。
(2) 绕口令气息训练。

> **胡老师说说**
>
> "气者,音之帅也。"没有气息,声带就不能颤动发声。古代声乐理论中就有"气动则声发"的说法。气息训练是一件长久坚持方见成效的基本功,均匀地吐气是表情达意的需要,是美化有声语言的必要手段。

第二节 共鸣训练

声带发出的声音是很小的,声音在经过共鸣后才得到扩大、美化,而后形成不同的语音音色。

人体的发音有三个环节:呼吸、振动、共鸣。声道是人类发音的共鸣器官,常提到的共鸣区为头腔共鸣、鼻腔共鸣、口腔共鸣、胸腔共鸣。唱高音的时候会用到头腔共鸣,说话一般用的是后三种共鸣方式。

共鸣的练习直接决定了音质的优劣,音质是声带音通过共鸣启发声音变化的产物。当人的某个或某些发音器官有缺陷或发生病变时,音质就会发生变化,声音可能会变得不好听,若发音器官没有问题,但发音时存在这样或那样的毛病,也会影响音质。比如,出现鼻音过重、翘舌音使用不当、呼吸音和杂音等情况时,就会使声音黯然失色。

过重的鼻音是因为鼻腔的共鸣声太响亮造成的。要克服这种毛病,就要让嘴巴在发音吐字时张到位,舌头要用力一些,以减少鼻腔共鸣。

不当的翘舌音,常常是因为地方口音习惯、分不清楚平舌音和翘舌音或发音吐字不准所造成的。

呼吸音是由于发音时声带没有充分闭合,大量的非发声的空气跑出来,造成嗓音中夹杂着呼吸音,或者是由于朗诵时吸气过于频繁、讲话过快、用力过度、精神紧张,造成上气不接下气,呼吸音过大。克服的主要办法是:在讲话或朗诵时,按照前面介绍过的呼气与吸气的方法正确地呼吸、自然地呼吸。

杂音主要是由嗓子沙哑、嘶哑、喉鸣等原因引起的,因此,平时要保护好嗓子,讲话时要正确地运气、发音,从而消除影响音质的杂音,使声音纯正。

一、共鸣状态训练

(1) 发高音,练习 a、o、e、i、u、ü 的发音。

(2) 降低音高,继续练习 6 个元音的发音,反复练习。

二、口腔共鸣训练

(1) 打开后槽牙,从容地发出 ai、ei、ao、ou,体会声束沿上颚前行,"挂"于硬腭前部的感觉。

(2) 发出短促的 ba、bi、bu、pa、pi、pu、ma、mi、mu,体会声束冲击硬腭前部的感觉。

(3) 词语训练。例如:

吧嗒嗒　滴溜溜　咕隆隆　劈啪啪　扑冬冬
呼啦啦　咣当当　哗啦啦　当啷啷　乒乓乓

三、胸腔共鸣训练

歌曲练习:低音歌曲《珊瑚颂》《历史的天空》。

四、鼻腔共鸣练习

(1) 纯 u 音＋鼻腔共鸣 u 音;纯 a 音＋鼻腔共鸣 a 音;纯 i 音＋鼻腔共鸣 i 音。

(2) 辅音＋元音:ma—mi—mu。

(3) 哼唱练习:m—n—ng。

(4) 哼唱练习:ma—mi—mu。

(5) 哼唱练习:w—a—i。

五、作业

(1) 共鸣音练习。

(2) 气息训练。

第三节　吐字归音训练

吐字清晰是说话、朗读最起码的要求之一。因此,吐字归音是学习语言表达必须练习的一项重要基本功。汉字的音节结构分为声、韵、调三个部分。声,又叫声母;韵,分为韵头、韵腹、韵尾三个部分;调,又叫调值,体现在韵腹上。

吐字归音是古代演唱中对吐字方法的概括,在戏曲演唱中依然沿袭这种方法。

今天的语音有很多"说"法,也是借用了这一方法。

要学习吐字归音,首先要对字头、字腹、字尾有所了解。

字头＝声母＋韵头(介音);

字腹＝韵腹(主要元音);

字尾＝韵尾。

由于汉语音节中只有主要元音是不可缺的,所以还存在零声母和无尾音字,因此,并不是所有的字都是有字头、字尾的。例如,零声母的字无字头,以主元音结尾的字无字尾。

介音该如何判断呢?介音是介于声母与主要元音之间的过渡性音素。为什么要放在字头?在实际发音中,介音会影响到声母的唇形,与声母结合得十分密切,所以要放在字头处理。例如:

(1) "行 háng""黄 huáng"。

"行"在主元音 a 之前没有介音,在声母 h 发音时,唇形自然;而"黄"字在主元音 a 前面有介音 u,声母 h 在发音时就会唇形前圆,口型做"hu"状。

(2) "但 dàn""电 diàn"。

"但"字发音时,唇形自然;"电"字有介音 i,在声母 d 发音时,唇形是扁的,口型做"di"状。

因此,出现在声母与主元音之间的辅元音就是介音。

一、吐字归音的要求

在吐字过程中,对字头、字腹、字尾的处理,分别叫作出字、立字、归音。

(1) 出字——叼住弹出。

字头是一字之头,对它的处理影响到整个音节的质量。所以,声母发音的唇形要合适,咬字要有一定的力度,要叼住字头,再弹出字腹。

(2) 立字——拉开立起。

对字腹的处理影响到字的发音的圆润、饱满。字是随着字腹的拉开在口腔中"立"起来的,因而被称为"立字"。元音在口腔中的开口最大,共鸣音最丰满,声音最响亮,因此,我们要想做到"吐字如珠",必须十分注意对字腹的处理。

(3) 归音——到位弱收。

语言表达中最常见的错误就是不归音,吐字出现"只开门不关门"的现象,就是人们常说的"半截字",听起来不完整,也叫"不完形"。到位是指尾音要归到应有的位置上,充当尾音的有元音 i、u(o),鼻辅音 n、ng。尾音到位不是要求发完整这些音素,而是要有明显的驱动性,弱收是指尾音自然回落,对于无尾音的字,要保持口型不变,声音弱收。

(4) 吐字——枣核形。

"枣核形"是对吐字过程的形象化描述,它是针对头、腹、尾俱全的音节的吐字状态而言的。字头叼住弹出,字腹拉开立起,字尾到位弱收,合起来就是两头小、中间大的"枣核",如图2.1所示。枣核状是吐字"玉润珠圆"的状态,它体现着字音的清晰圆润、颗粒饱满。

图2.1 "枣核形"吐字过程

二、吐字归音训练

(一)吐字的综合感觉

吐字的综合感觉可归纳为五个字:拢、弹、滑、挂、流。

拢——与发音有关部位的着力点向中部集中。

弹——吐字灵活轻快。

滑——吐字过程中唇舌的滑动感。

挂——字音"挂"于硬腭前部的感觉。

流——字音向前流动的感觉。

(二)吐字练习

(1) 声母练习:所有声母与 a、i、u 相拼,要求有轻快的弹动感。例如:

ba	bi	bu	pa	pi	pu	ma	mi	mu
fa	(fi)	fu	da	di	du	ta	ti	tu
na	ni	nu	la	li	lu	ga	(gi)	gu
ka	(ki)	ku	ha	(hi)	hu	jia	ji	jiu
qia	qi	qiu	xia	xi	xiu	zha	zhi	zhu
cha	chi	chu	sha	shi	shu	(ra)	ri	ru
za	zi	zu	ca	ci	cu	sa	si	su

(2) 韵母练习:按照"四呼"的排列进行练习,注意滑、挂、流的感觉。

传统汉语语音学根据韵母开头的实际发音,把韵母分为开口呼、齐齿呼、合口呼、撮口呼四类,也叫"四呼"。以 a、o、e、ê、er、i(前)、i(后)或以 a、o、e 开头的韵母称为开口呼;以 i 或 i 开头的韵母称为齐齿呼,如 iou、iao、ie、ia;以 u 或以 u 开头的韵母称为合口呼,如 ua、uo、uai、uei;以 ü 或 ü 开头的韵母称为撮口呼,如 üe、ün、üan。按照传统语音学,韵母 ong 归入合口呼,韵母 iong 归入撮口呼。

(3) 词语练习。例如:

坚决	鲜明	播音	西安	新闻	宣传	交通	丰收
音乐	方向	批准	发展	创办	经济	规范	生产
统一	农村	狂欢	耐久	下乡	办公	儿童	团结
主要	贵宾	化学	广播	指标	小学	普及	解决

三、作业

(1) 吐字归音练习。
(2) 气息练习。
(3) 读句训练。

谈友谊(节选一)
梁实秋

　　朋友居五伦之末,其实朋友是极重要的一伦。所谓友谊实即人与人之间的一种良好的关系,其中包括了解、欣赏、信任、容忍、牺牲……诸多美德。如果以友谊作基础,则其他的各种关系如父子夫妇兄弟之类均可圆满地建立起来。当然父子兄弟是无可选择的永久关系,夫妇虽有选择余地,但一经结合便以不再仳离为原则,而朋友则是有聚有散可合可分的。不过,说穿了,父子夫妇兄弟都是朋友关系,不过形式性质稍有不同罢了。严格地讲,凡是充分具备一个好朋友的条件的人,他一定也是一个好父亲、好儿子、好丈夫、好妻子、好哥哥、好弟弟。反过来亦然。

　　我们的古圣先贤对于交友一端是甚为注重的。《论语》里面关于交友的话很多。在西方亦是如此。罗马的西塞罗有一篇著名的《论友谊》。法国的蒙田、英国的培根、美国爱默生,都有论友谊的文章。我觉得近代的作家在这个题目上似乎不大肯费笔墨了。这是不是叔季之世友谊没落的征象呢?我不敢说。

> **胡老师说说**
> 　　吐字归音训练与读句训练是紧密相连、相辅相成的。读句训练,就是选择一些有一定难度的语句、段落,进行快读训练。要求做到:把音读准,不增减字、词,不重复、不间断,停顿自然,有节奏,连贯流畅。其目的是训练我们在朗诵时说话干净利索,出口成章,不拖泥带水,把习惯性的口头语逐渐减少,直至完全消除。

第四节　声音弹性训练

所谓弹性,就是指伸缩性和可变性。声音的弹性是指声音对于人们变化着的思想感情的适应能力,就是声音随着感情变化而来的伸缩性和可变性。如果声音对于不断变化着的思想感情的适应能力强,我们就说这个声音富于弹性;反之,如果声音对于不断变化着的思想感情的适应能力弱,我们就说这个声音的弹性差。弹性是一个和僵持相对立的概念。

一、声音弹性的必备条件

为什么我们要强调练声,练声的目的就是在于获得声音的弹性,所以弹性是声音的综合呈现。声音的色彩、气息的运用支撑、思想感情的运动都为声音的弹性而服务。

（1）声音的弹性表现为声音的可变性,离开了声音各方面的变化,也就谈不上弹性了,其中最重要的是气息的变化和声音色彩的变化。

（2）声音的弹性呈现出对比性,具体包括气息的深浅、缓急、收放,声音的高低、强弱、虚实、明暗、刚柔、厚薄等等。

（3）声音的弹性不是单项出现的,而是综合以上各种情况复合为网状呈现,因而产生了千变万化的声音色彩及风格。

二、声音弹性的训练方法

练习一：
声音高低练习：有层次地爬高、降低。例如：

　　　　　　床前明月光　疑是地上霜
　　　　　床前明月光　　　疑是地上霜
　　　　床前明月光　　　　　疑是地上霜
　　　床前明月光　　　　　　　疑是地上霜
　　床前明月光　　　　　　　　　疑是地上霜

练习二：
声音高低练习：一句高,一句低,高低交错进行。例如：

练习三：

声音强弱练习：强起渐弱，弱起渐强。例如：

  强起：床前明月光 疑是地上霜   弱起：床前明月光 疑是地上霜
  弱起：床前明月光 疑是地上霜   强起：床前明月光 疑是地上霜

练习四：

(1) 唇部练习。

① 提打挺松（开口咬苹果、半打哈欠练习）；

② 咧唇搓唇（咧唇：紧闭双唇，嘴角向两边拉开，呈微笑状；搓唇：双唇紧闭、前伸，呈吻状）；

③ 合口左右噘唇（双唇紧闭、前伸，呈吻状，然后向左、向右伸，反复多次）；

④ 咀嚼噘唇（紧闭双唇，双唇前伸、后缩，配合牙齿的开合来回运动）。

(2) 舌部练习。

① 饶舌（双唇紧闭，舌头沿着牙齿外部、唇内部做顺时针或逆时针转圈）；

② 上下翻舌（伸长伸头，用舌尖分别舔鼻尖和下巴，这是意识行为，舌头努力靠近目标即可）；

③ 舒展和收缩舌头，交替进行；

④ 呼唤小动物（用舌尖匀速地上下运动，扣击口腔上颚和下齿龈部位，并发出"啰啰"的声音）。

(3) 共鸣气息练习。

① 先慢慢吸气，再慢慢呼出（如闻香、叹气）；

② "u""a""i"练习，声音由弱到强；

③ 狗喘气样联系（"嚯哈嘿"交替）。

(4) 弹性练习。

读一首唐诗。

(5) 放松声带。

气泡音：在舌根部设置障碍，发低音"啊"，让气流艰难通过。"啊"音不明确发出，寻找冒气泡的声音效果。

练习五：读以下唐诗。

鹿柴

王维

空山不见人，但闻人语响。

返景入深林，复照青苔上。

竹里馆

王维

独坐幽篁里，弹琴复长啸。

深林人不知，明月来相照。

送别
王维
山中相送罢,日暮掩柴扉。
春草明年绿,王孙归不归。

相思
王维
红豆生南国,春来发几枝?
愿君多采撷,此物最相思。

杂诗
王维
君自故乡来,应知故乡事。
来日绮窗前,寒梅著花未?

劳劳亭
李白
天下伤心处,劳劳送客亭。
春风知别苦,不遣柳条青。

望庐山瀑布
李白
日照香炉生紫烟,遥看瀑布挂前川。
飞流直下三千尺,疑是银河落九天。

望天门山
李白
天门中断楚江开,碧水东流至此回。
两岸青山相对出,孤帆一片日边来。

早发白帝城
李白
朝辞白帝彩云间,千里江陵一日还。
两岸猿声啼不住,轻舟已过万重山。

独坐敬亭山
李白
众鸟高飞尽,孤云独去闲。
相看两不厌,只有敬亭山。

黄鹤楼送孟浩然之广陵
李白
故人西辞黄鹤楼,烟花三月下扬州。
孤帆远影碧空尽,唯见长江天际流。

山中问答
李白
问余何事栖碧山,笑而不答心自闲。
桃花流水窅然去,别有天地非人间。

三、作业

(1) 声音弹性练习。
(2) 气息训练。
(3) 小短文训练。

谈友谊(节选二)
梁实秋

　　古之所谓"刎颈交",陈义过高,非常人所能企及。如 Damon 与 Pythias,David 与 Jonathan,怕也只是传说中的美谈吧。就是把友谊的标准降低一些,真正能称得起朋友的还是很难得。试想一想,如有银钱经手的事,你信得过的朋友能有几人?在你蹭蹬失意或疾病患难之中还肯登门拜访乃至雪中送炭的朋友又有几人?你出门在外之际对于你的妻室弱媳肯加照顾而又不照顾得太多者又有几人?再退一步,平素投桃报李,莫逆于心,能维持长久于不坠者,又有几人?总角之交,如无特别利害关系以为维系,恐怕很难在若干年后不变成为路人。富兰克林说:"有三个朋友是忠实可靠的——老妻、老狗与现款。"妙的是这三个朋友都不是朋友。倒是亚里士多德的一句话最干脆:"我的朋友们啊!世界上根本没有朋友。"这些话近于愤世嫉俗,事实上世界里还是有朋友的,不过虽然无需打着灯笼去找,却是像沙里淘金而且还需要长时间的洗炼。一旦真铸成了友谊,便会金石同坚,永不退转。

胡老师说说
　　法国艺术家泰纳曾说:"人们的喜怒哀乐,一切骚扰不宁、起伏不定的情绪,甚至最微妙的波动、最隐蔽的心情都能用声音直接表达出来,而且表达有力、细致、正确、无与伦比。"这句话充分地说明了声音的重要作用。因此,口语训练中应该重视发声训练。

第三章　语音与语调

第一节　普通话的常用概念和声调、调值、调类

一、普通话语音的一些常用概念

1. 音素

音素是语音的最小单位,分为元音和辅音两种。元音发音时不受气流阻碍,声音比较响亮,如 a、o、e、i、u、ü 等。辅音发音时,气流在口腔内会受到一定的阻碍,根据受阻的部位不同,可分为双唇音(b、p、m)、唇齿音(f)、舌尖前音(z、c、s)、舌尖中音(d、t、n、l)、舌尖后音(zh、ch、sh、r)、舌面音(j、q、x)和舌根音(g、k、h、ng)。

2. 音节

音节是语音最基本和最自然的单位,是学好普通话的关键。一个音节可分成三个部分:声母、韵母、声调。

(1) 声母。

声母是音节开头的辅音。开头无声母的音节称为零声母。辅音除 ng 外,其余 21 个均可作声母。注意:y、w 不是声母,它们有时用于替代 i 和 u,有时只是不发音的符号。

(2) 韵母。

韵母是指音节中声母后面的部分,由元音或元音加辅音(n 或 ng)构成。韵母可分为单韵母(由单个元音独立构成)、复韵母(由两个或三个元音构成)和鼻韵母(由一个或两个元音加上 n 或 ng 构成,n 和 ng 皆为鼻音,故称鼻韵母)。

(3) 声调。

声调是指一个音节的高低变化,共分为五类:阴平(55)、阳平(35)、上声(214)、去声(51)、轻声。

3. 语调

语调是指由语音的高低、强弱变化及节奏、停连等因素的总和所构成的语句的声音效果。

二、声调、调值、调类

1. 声调

声调是指汉语音节高低升降的变化形式。一般在汉语中,一个音节就是一个汉字,所以声调也就是字调。声调是汉语音节不可缺少的重要组成部分,它同声母、韵母一样,具有区别语义的作用。如"题材"与"体裁"、"事业"与"视野"等。

2. 调值

调值是指音节高低、升降、曲直、长短的变化形式,也就是声调的实际读音。普通话有四种基本调值(不含轻声),即阴平55、阳平35、上声214、去声51,如图3.1所示。

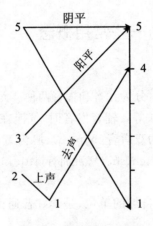

图 3.1 声调的调值图

3. 调类

调类就是指声调的种类。调值相同的字归在一起就是一个调类,普通话有五种基本调值(含轻声),因此也就可以归纳出五个调类:阴平、阳平、上声、去声、轻声。

三、绕口令练习

绕口令在练声中是必不可少的,它属于流传于民间的口头文学,语言生动形象、富于变化。我们会根据每节课的内容选择一些绕口令,目的就是用来练习发音部位和发音方法的准确性。练习时,先读一遍,找到问题所在,从说清意思开始,再逐渐加快节奏。练习时应与气息结合起来进行。例如:

大和尚与小和尚

大和尚装框去哪逛?大和尚往往过长江。慌张过江闯哪庄,过江去访小和尚,大和尚姓张没说谎,小和尚姓蒋真情况,床边窗前长商量,遇事桩桩双不诳。大和尚强小和尚棒,养蜂嗡嗡把蜜酿。

四、作业

(1) 发声训练。
(2) 绕口令训练。
(3) 小短文训练。

谈友谊(节选三)
梁实秋

大抵物以类聚,人以群分。臭味相投,方能永以为好。交朋友也讲究门当户对,纵不像九品中正那么严格,也自然有个界线。"同学少年多不贱,五陵裘马自轻肥",于"自轻肥"之余还能对着往日的旧游而不把眼睛移到眉毛上边去么?汉光武容许严子陵把他的大腿压在自己的肚子上,固然是雅量可风,但是严子陵之毅然决然地归隐于富春山,则尤为知趣。朱洪武写信给他的一位朋友说:"朱元璋作了皇帝,朱元璋还是朱元璋……"话自管说得很漂亮,看看他后来之诛戮功臣,也就不免令人心悸。人的身心构造原是一样的,但是一入宦途,可能发生突变。孔子说,无友不如己者。我想一来只是指品学而言,二来只是说不要结交比自己坏的,并没有说一定要我们去高攀。友谊需要两造,假如双方都想结交比自己好的,那就永远交不起来。

好像是王尔德说过,"一个男人与一个女人之间是不可能有友谊存在的。"就一般而论,这话是对的,因为男女之间有深厚的友谊,那友谊容易变质,如果不是心心相印,那又算不得是友谊。过犹不及,那分际是难以把握的。

第二节 汉语声调发声训练

一、阴平调的发音

阴平是普通话的第一声,其调值是55,阴平的发音又高又平,在发音过程中始终保持调值高度不变。例如:

阴+阴——播音　拥军　东升　公安　深山
阴+阳——争雄　高潮　新闻　编辑　资源
阴+上——黑塔　施舍　听讲　生产　春水

阴＋去——飞快　规定　通信　经济　先烈

二、阳平调的发音

阳平是普通话的第二声，其调值是35。阳平调是从3度的位置起音，升到5度。例如：

阳＋阴——国歌　节约　澄清　联欢　轮班
阳＋阳——联营　石油　行情　达成　题材
阳＋上——读者　谜底　绝响　邻里　求索
阳＋去——局势　豪迈　存放　群众　停顿

三、上声调的发音

上声是普通话的第三声，其调值是214，先降后升。我们在实际发声时，一般发成2114，也就是从2度下滑到1度，这时，在声音的底部会出现一个很小的平滑音，然后用力把声音抛向4度。上声在发声的很多时候会发生音变，这里我们只练习单音节。例如：

好　美　你　雨　水　请　走　腿　毁　袄　宝　炒　岛　否　搞

四、去声调的发音

去声是普通话的第四声，其调值是51，也叫全降调。去声是从5度直降到1度，声调下落的幅度最大。例如：

去＋阴——矿工　下乡　象征　地方　贵宾
去＋阳——慰劳　政权　内容　措辞　动员
去＋上——耐久　外语　运转　宴请　剧本
去＋去——日月　布告　创办　庆幸　报告

五、同声韵四声练习

同声韵四声的练习。例如：

巴拔把爸　坡婆颇破　猫毛卯冒　芳房访放　低敌底第
通同统痛　歌隔葛个　憨含喊汗　深神沈甚　猜才采菜
非肥匪费　家夹甲价　挖娃瓦袜　晕云允韵　窗床闯创

六、绕口令练习

老史与老石

老师老是叫老史去捞石,老史老是让老石去捞石,老石老是看老史不捞石,老师老是说老史不老实。

妈妈骑马

妈妈骑马,马慢,妈妈骂马;伯伯磨墨,墨破,伯伯摸墨;姥姥烙酪,酪落,姥姥捞酪;舅舅救鸠,鸠飞,舅舅揪鸠。

七、作业

(1) 发声训练。
(2) 绕口令训练。
(3) 小短文训练。

谈友谊(节选四)
梁实秋

忘年交倒是可能的。祢衡年未二十,孔融年已五十,便相交友,这样的例子史不绝书。但似乎是也以同性为限。并且以我所知,忘年交之形成固有赖于兴趣之相近与互相之器赏,但年长的一方面多少需要保持一点童心,年幼的一方面多少需要显着几分老成。老气横秋则令人望而生畏,轻薄儇佻则人且避之若浼。单身的人容易交朋友,因为他的情感无所寄托,漂泊流离之中最需要一个一倾积愫的对象,可是等到他有红袖添香稚子候门的时候,心境便不同了。

"君子之交淡若水",因为淡所以才能不腻,才能持久。"与朋友交,久而敬之。"敬就是保持距离,也就是防止过分的亲昵。不过"狎而敬之"是很难的。最要注意的是,友谊不可透支,总要保留几分。Mark Twain 说:"神圣的友谊之情,其性质是如此的甜蜜、稳定、忠实、持久,可以终身不渝,如果不开口向你借钱。"这真是慨乎言之。朋友本有通财之谊,但这是何等微妙的一件事!世上最难忘的事是借出去的钱,一般认为最倒霉的事又莫过于还钱。一牵涉到钱,恩怨便很难清算得清楚,多少成长中的友谊都被这阿堵物所戕害!

第四章 普通话声母训练

普通话的声母共有22个（包括零声母），其中21个由辅音充当。这里，我们先看看口腔的发音位置，具体如图4.1所示。

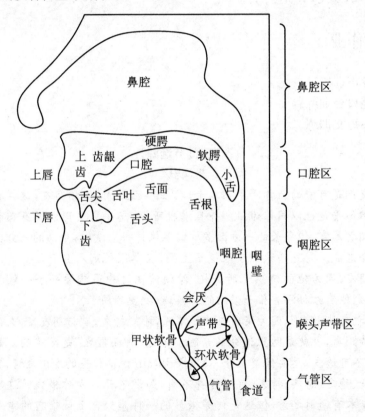

图4.1 口腔发音位置图

不同的辅音，发声受阻的位置、特点也不相同，因此，我们也必须要了解声母的发声方法。声母发声部位结构图如图4.2所示。

辅音发音时，气流在口腔内受到一定的阻碍，根据受阻部位的不同，可分为：双唇音b、p、m；唇齿音f；舌尖中音d、t、n、l；舌根音g、k、h；舌面音j、q、x；舌尖后音zh、ch、sh、r；舌尖前音z、c、s。

气流受阻后，有以下几种打开方式：发音部位完全阻塞后，受阻部位突然打开的音称为塞音,有 b、p、d、t、g、k;发音部位不完全阻塞时,让气流从狭小的缝隙通过的音称为擦音,有 f、h、x、sh、s、r;发音部位完全阻塞后,受阻部位打开一个缝隙,让气流从狭小的缝隙通过的音称为塞擦音,有 j、q、zh、ch、z、c;气流从鼻腔通过的音称为鼻音,有 m、n、ng;发声时不碰及声带的音称为清音,辅音中绝大部分是清音;碰击声带的音称为浊音,有 r。

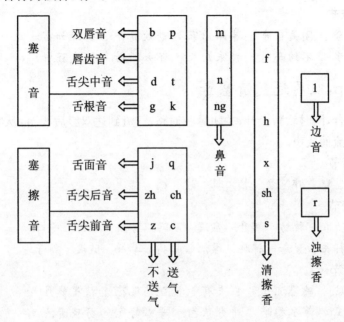

图 4.2　声母发声部位结构图

第一节　b、p、m、f 的发声训练

b、p、m、f 是一组双唇音和唇齿音的练习。b、p、m 的发声阻碍在双唇之间,因此称为双唇音;f 的发声阻碍在唇齿之间,因此称为唇齿音。

一、语音训练

(一) b:双唇不送气清塞音

双唇闭合,同时软腭上升,关闭鼻腔通路;气流到达双唇后积蓄,突然打开双唇而成声。

1. 单音节

表 波 不 悲 滨 班 北 别 蹦 本

2. 双音节

八卦 黑白 百般 恐怖 班级 捆绑 臂膀 包裹 包谷
卑鄙 悲苦 界碑 奔驰 本来 崩塌 崩裂 彼此 卢布

3. 四音节

不谋而合 闭关自守 半路出家 悲欢离合 暴跳如雷
跋山涉水 不约而同 博采众长 不知所措 百发百中

(二) p：双唇送气清塞音

双唇闭合,同时软腭上升,关闭鼻腔通路；气流到达双唇后积蓄,从肺部呼出一股较强的气流而成声。

1. 单音节

瓶 潘 飘 胖 盆 拍 批 坡 鹏 牌

2. 双音节

压迫 节拍 牌坊 攀升 盘踞 乒乓 旁枝 眼泡 咆哮
批注 抨击 疲惫 脾脏 漂泊 拼搏 草坪 陡坡 铺子

3. 四音节

评头品足 破釜沉舟 匹夫有责 跑马观花 披星戴月
抛砖引玉 萍水相逢 平分秋色 平心静气 旁观者清

(三) m：双唇鼻音

双唇闭合,同时软腭下垂,打开鼻腔通路；声带振动,气流同时到达口腔和鼻腔,在口腔受阻后,气流从鼻腔透出而成声。

1. 单音节

吗 门 名 慢 米 谬 满 谋 没 灭

2. 双音节

妈妈 麻痹 年末 埋怨 满意 盲文 茅屋 抛锚 没有
闷热 他们 蒙骗 绵软 描摹 泯灭 无眠 实木 模样

3. 四音节

满面春风 马到成功 茅塞顿开 民富国强 弥天大谎
满城风雨 毛手毛脚 美不胜收 面目全非 埋头苦干

(四) f：唇齿清擦音

下唇向上门齿靠拢,形成间隙,软腭上升,关闭鼻腔通路；使气流从唇齿形成的间隙中摩擦通过而成声。

1. 单音节
伐 翻 方 肥 粉 奉 否 伏 疯 发
1. 双音节
仿佛　犯法　芬芳　丰富　方法　反复
发放　肺腑　吩咐　防范　非凡　奋发
2. 四音节
风尘仆仆　防患未然　反复无常　飞沙走石　发扬光大
飞扬跋扈　翻来覆去　分秒必争　风吹草动　风平浪静

二、绕口令练习

八百标兵

八百标兵奔北坡,炮兵并排北边跑。炮兵怕把标兵碰,标兵怕碰炮兵炮。

蓝布棉门帘

有个面铺面朝南,门上挂着蓝布棉门帘,摘了蓝布棉门帘,面铺面朝南,挂上蓝布棉门帘,面铺还是面朝南。

白石塔

白石塔,白石搭,白石搭白塔,白塔白石搭,搭好白石塔,白塔白又大。

芳芳画了朵黄花

芳芳画了朵黄花,华华画了个方框,华华想拿他画的方框换芳芳画的黄花,芳芳用她画的黄花换了华华画的方框。

三、作业

(1) 发声训练。
(2) 绕口令训练。
(3) 小短文训练。

谈友谊(节选五)
梁实秋

规劝乃是朋友中间应有之义,但是谈何容易。名利场中,沆瀣一气,自己都难以明辨是非,哪有余力规劝别人?而在对方则又良药苦口忠言逆耳,谁又愿意让人批他的逆鳞?规劝不可当着第三者的面前行之,以免伤他的颜面,不可在他情绪不宁时行之,以免逢彼之怒。孔子说:"忠告而善道之,不可则止。"我总以为劝善规过是友谊之消极的作用。友谊之乐是积极的。只有神仙与野兽才喜欢孤独,人是要朋友的。"假如一个人独自升天,看见宇宙的大观,群星的美丽,他并不能感到快乐,他必要找到一个人向他述说他所见的奇景,他才能快乐。"共享快乐,比共受患难,应该是更正常的友谊中的趣味。

第二节 d、t、n、l 的发声训练

d、t、n、l 是一组舌尖中音的练习,这一组音的发声阻碍在舌尖与上齿龈之间,因此称为舌尖中音。

一、语音训练

(一) d:舌尖中不送气清塞音

舌尖抵住上齿龈,形成阻塞,软腭上升,关闭鼻腔通路;气流到达口腔后积蓄,突然解除阻塞而成声。

1. 单音节
大 道 调 担 灯 到 杜 得 电 叨 丢 斗 多

2. 双音节
答对　单调　到达　断定　当代　道德
抵挡　大地　顶端　电灯　打到　等待

3. 四音节
顶天立地　调虎离山　大公无私　大书特书　大功告成
点石成金　大开眼界　多多益善　多快好省　大刀阔斧

(二) t:舌尖中送气清塞音

舌尖抵住上齿龈,形成阻塞,软腭上升,关闭鼻腔通路;气流到达口腔后积蓄,从肺部呼出一股较强的气流而成声。

1. 单音节
退 土 逃 坛 淌 屯 铁 图 停 特 台 团

2. 双音节
吞吐　梯田　挑剔　天堂　跳台　推脱
探讨　体贴　铁蹄　天坛　探听　团体

3. 四音节
推波助澜　铁证如山　同甘共苦　土崩瓦解　同舟共济
通宵达旦　偷天换日　同流合污　兔死狐悲　谈虎色变

（三）n：舌尖中鼻音

舌尖抵住上齿龈，形成阻塞，软腭下垂，打开鼻腔通路；声带振动，气流到达口腔和鼻腔，在口腔受阻后，气流从鼻腔透出而成声。

1. 单音节

拿　乃　南　囊　闹　嫩　能　你　年　娘　鸟　捏

2. 双音节

牛奶　能耐　南宁　奶牛　难弄　男女
恼怒　泥泞　农奴　扭捏　奶娘　奶奶

3. 四音节

南腔北调　难解难分　能者多劳　能说会道　怒形于色
难能可贵　弄假成真　怒发冲冠　怒火中烧　南征北战

（四）l：舌尖中边音

舌尖抵住上齿龈后部，阻塞气流从口腔中路通过通道，软腭上升，关闭鼻腔通路；气流到达口腔后，从舌头与两颊内侧形成的空隙间通过而成声。

1. 单音节

拉　来　烂　朗　牢　泪　冷　龙　漏　力　脸
聊　列　临　领　刘　路　乱　论　洛　吕　掠

2. 双音节

理论　留意　玲珑　罗列　冷落　劳力
流利　榴莲　柳绿　勒令　嘹亮　琉璃

3. 四音节

来者不拒　劳而无功　劳苦功高　老态龙钟　冷若冰霜
离题万里　里应外合　两全其美　流言蜚语　炉火纯青

二、鼻音n和边音l的辨析

鼻音n和边音l的辨析。例如：

女客—旅客　　　　男子—篮子
难住—拦住　　　　牛年—留恋
女色—绿色　　　　能源—冷源

三、绕口令练习

调到敌岛打特盗

调到敌岛打特盗,特盗太刁投短刀,挡推顶打短刀掉,踏盗得刀盗打倒。

打铁

日打铁,夜打铁,日夜打铁不停歇。农业生产赶季节,打出农具支农业。

来了两队篮球运动员

来了两队篮球运动员,一队穿蓝球衣的男运动员,一队穿绿球衣的女运动员。男女运动员都来练投篮,不怕累,不怕难,努力练投篮。

牛郎年年恋刘娘

牛郎年年恋刘娘,刘娘连连念牛郎,牛郎恋刘娘,刘娘念牛郎,郎恋娘来娘念郎。

四、作业

(1) 发声训练。
(2) 绕口令训练。
(3) 小短文训练。

大宇宙谈博爱(节选)

胡适

我们要谈博爱,一定要换一观念。古时那种喂蚊割肉的博爱,等于开空头支票,毫无价值。现在的科学才能放大我们的眼光,促进我们的同情心,增加我们助人的能力。我们需要一种以科学为基础的博爱——一种实际的博爱。

孔子说:"修己以敬人,修己以安人,修己以安百姓。"修己就是把自己弄好。我们应当先把自己弄好,然后再帮助别人;独善其身然后能兼善天下。同学们,现在我们读书的时候,不要空谈高唱博爱;但应先努力学习,充实自己,到我们有充分能力的时候才谈博爱,仍不算迟。

第三节 g、k、h 的发声训练

g、k、h 这是一组舌根音的练习,这一组音的发声阻碍在舌根部位,因此称为舌根音。

一、语音训练

(一) g：舌面后不送气清塞音

舌面后隆起抵住硬腭和软腭交界处,形成阻塞,软腭上升,关闭鼻腔通路;气流在形成阻塞的部位后积蓄,突然解除阻塞而成声。

1. 单音节
故 哥 耕 干 共 改 更 古 关 光 广 工 刚

2. 双音节
规格　巩固　公告　骨骼　光顾　感官
改革　灌溉　高贵　公共　梗概　骨干

3. 四音节
歌功颂德　各自为政　光彩夺目　甘拜下风　感人肺腑
高谈阔论　甘心情愿　纲举目张　高歌猛进　顾虑重重

(二) k：舌面后送气清塞音

舌面后隆起抵住硬腭和软腭交界处,形成阻塞,软腭上升,关闭鼻腔通路;气流在形成阻塞的部位后积蓄,从肺部呼出一股较强的气流而成声。

1. 单音节
渴 看 考 扣 卡 坑 课 空 哭 砍 宽 筐 库 肯

2. 双音节
开口　苛刻　可靠　刻苦　空旷　坎坷
困苦　宽阔　慷慨　窥看　亏空　开垦

3. 四音节
口蜜腹剑　空前绝后　开源节流　可歌可泣　康庄大道
侃侃而谈　刻骨铭心　开门见山　扣人心弦　开卷有益

(三) h：舌面后清擦音

舌面后部隆起接近硬腭和软腭交界处,形成间隙,软腭上升,关闭鼻腔通路;使气流从形成的间隙中摩擦通过而成声。

1. 单音节
寒 杭 浩 黑 恨 红 后 胡 花 坏 欢 黄 汇

2. 双音节
黄昏　含混　荷花　悔恨　绘画　红花
黄海　浑厚　航海　缓和　欢呼　和好

3. 四音节

和平共处　骇人听闻　好为人师　海誓山盟　汗马功劳
好大喜功　海阔天空　海枯石烂　含沙射影　好景不长

二、绕口令练习

哥挎瓜筐过宽沟

哥挎瓜筐过宽沟,赶快过沟看怪狗,光看怪狗瓜筐扣,瓜滚筐空哥怪狗。

窝和锅

树上一个窝,树下一口锅,窝掉下来打着锅,窝和锅都破,锅要窝赔锅,窝要锅赔窝,闹了半天,不知该锅赔窝,还是窝赔锅。

三、作业

(1) 发声训练。
(2) 绕口令训练。
(3) 小短文训练。

曾国藩家书
曾国藩

我要步步站得稳,须知他人也要站得稳,所谓立也。我要处处行得通,须知他人也要行得通,所谓达也。今日我处顺境,预想他日也有处逆境之时;今日我以盛气凌人,预想他日人亦有以盛气凌我之身,或凌我之子孙。常以"恕"字自惕,常留余地处人,则荆棘少矣。

第四节　j、q、x 的发声训练

j、q、x 这是一组舌面音的练习,这一组音的发声阻碍在舌面与上颚部位,因此称为舌面音。

一、语音训练

(一) j:舌面前不送气清塞擦音

舌尖抵住下门齿背,使舌面前部贴紧硬腭前部,软腭上升,关闭鼻腔通路;在阻塞的部位后积蓄气流,突然解除阻塞时,在原形成闭塞的部位之间保持适度的间隙,使气流从间隙透出而成声。

1. 单音节
炯 决 机 居 家 居 街 景 金 捐 叫 脚 江 俊 间 居

2. 双音节
艰巨 加紧 建交 交际 集结 家具
简洁 经济 积极 境界 倔强 即将

3. 四音节
济济一堂 价廉物美 戒骄戒躁 箭在弦上 急如星火
假公济私 驾轻就熟 皆大欢喜 解放思想 解甲归田

(二) q:舌面前送气清塞擦音

舌尖抵住下门齿背,使舌面前部贴紧硬腭前部,软腭上升,关闭鼻腔通路;在阻塞的部位后积蓄气流,突然解除阻塞时,在原形成闭塞的部位之间保持适度的间隙,从肺部呼出一股较强的气流而成声。

1. 单音节
全 抢 取 其 清 亲 桥 恰 情 球 去 缺 窃 前

2. 双音节
弃权 情趣 亲戚 秋千 恰巧 请求
轻巧 铅笔 崎岖 求亲 气球 铅笔

3. 四音节
岂有此理 奇珍异宝 其貌不扬 奇耻大辱 取之不尽
千载难逢 七上八下 气吞山河 千山万水 旗鼓相当

(三) x:舌面前清擦音

舌尖抵住下门齿背,使舌面前部接近硬腭前部,形成适度的间隙;气流从空隙间摩擦通过而成声。

1. 单音节
新 小 想 修 凶 姓 宣 许 系 雪 休 先 校 消

2. 双音节
驯服 相信 学习 虚心 细问 新鲜 先行 休息 消息
详细 形象 喜讯 想象 训练 询问 玄妙 血统 血管

3. 四音节
弦外之音 相敬如宾 心心相印 心领神会 心慌意乱
心急如火 谢天谢地 习以为常 洗耳恭听 逍遥自在

二、舌面音练习

舌面音练习。例如：

j：嘉奖　健将　讲解　简洁
q：亲切　轻巧　气球　崎岖
x：新鲜　雄心　相信　闲暇
j q：坚强　解劝　进去　就寝
j x：焦心　酒席　俊秀　迹象
q j：清洁　奇迹　起居　巧计
q x：抢先　前线　亲信　取消
x j：消极　细节　先进　夏季
x q：稀奇　戏曲　向前　小桥

三、绕口令练习

七巷一个漆匠

七巷一个漆匠，西巷一个锡匠，七巷漆匠偷了西巷锡匠的锡，西巷锡匠拿了七巷漆匠的漆，七巷漆匠气西巷锡匠偷了漆，西巷锡匠讥七巷漆匠拿了锡。请问漆匠和锡匠，谁拿了谁的锡，谁偷了谁的漆。

四、作业

(1) 发声训练。
(2) 绕口令训练。
(3) 小短文训练。

初相遇
席慕蓉

美丽的梦和美丽的诗一样
都是可遇而不可求的
常常在最没能料到的时刻里出现

我喜欢那样的梦
在梦里 一切都可以重新开始
一切都可以慢慢解释
心里甚至还能感觉到所有被浪费的时光
竟然都能重回时的狂喜和感激

胸怀中满溢著幸福
　　只因为你就在我眼前
　　对我微笑 一如当年
　　我真喜欢那样的梦

　　明明知道你已为我跋涉千里
　　却又觉得芳草鲜美 落英缤纷
　　好像你我才初初相遇

第五节　zh、ch、sh、r 的发声训练

　　zh、ch、sh、r 是一组舌尖后音的练习,这一组音的发声阻碍在舌尖与上颚之间,因此称为舌尖后音。

一、语音训练

(一) zh:舌尖后不送气清塞擦音

　　舌头前部上举,抵住硬腭前端,同时软腭上升,关闭鼻腔通路;在形成阻塞的部位后积蓄气流,突然解除阻塞时,在原先形成闭塞的部位之间保持适度的间隙,使气流从间隙透出而成声。

1. 单音节

眨　者　竹　治　斋　照　周　抓　浊　追　展　贞　仗　争

2. 双音节

制止　郑重　支柱　转折　政治　战争
指针　挣扎　状纸　找针　庄重　主张

3. 四音节

知法犯法　知无不言　振振有词　争先恐后　珠圆玉润
郑重其事　掌上明珠　招兵买马　咫尺天涯　知己知彼

(二) ch:舌尖后送气清塞擦音

　　舌头前部上举,抵住硬腭前端,同时软腭上升,关闭鼻腔通路;在形成阻塞部位后积蓄气流,突然解除阻塞时,从肺部呼出一股较强的气流而成声。

1. 单音节

岔　扯　初　池　柴　抄　臭　绰　踹　垂　产　沉　昌

2. 双音节
穿插　橱窗　车窗　出产　沉重　长处
超产　长城　船厂　拆穿　初春　乘车

3. 四音节
承上启下　畅所欲言　长篇大论　成败利钝　陈词滥调
沉默寡言　触类旁通　成人之美　成竹在胸　长期共存

（三）sh：舌尖后清擦音

舌头前部上举，接近硬腭前端，形成适度的间隙，关闭鼻腔通路；使气流从间隙中摩擦通过而成声。

1. 单音节
傻　舌　树　诗　晒　勺　收　刷　硕　甩　税　山　神　赏

2. 双音节
审视　闪失　双手　神圣　沙石　赏识　绅士
手术　山水　少数　设施　上山　首饰　闪烁

3. 四音节
世外桃源　始终如一　身价百倍　事在人为　史无前例
始终不解　神采奕奕　深入人心　事半功倍　实事求是

（四）r：舌尖后浊擦音

舌头前部上举，接近硬腭前端，形成适度的间隙，关闭鼻腔通路；震动声带，使气流从间隙中摩擦通过而成声。

1. 单音节
软　荣　如　忍　让　茹　刃　日　柔　辱　入　然　若　苒　弱　儒

2. 双音节
融入　柔软　闰日　若然　仍然　荣辱　如若　荏苒
忍让　冉冉　濡染　柔韧　容忍　忍辱　荣任　软弱

3. 四音节
若无其事　燃眉之急　人定胜天　若有所思　如愿以偿
如箭在弦　如闻其声　仁至义尽　人云亦云　入情入理

二、绕口令练习

桑树和枣树

宿舍前边有三十三棵桑树，宿舍后边有四十四棵枣树，张小四分不清桑树和枣树，把三十三棵桑树说成枣树，把四十四棵枣树说成桑树。

三、作业

（1）发声训练。
（2）绕口令训练。
（3）小短文训练。

清塘荷韵（节选）
季羡林

　　真正的奇迹出现在第四年上。严冬一过，池塘里又溢满了春水。到了一般荷花长叶的时候，在去年飘浮着五六个叶片的地方，一夜之间，突然长出了一大片绿叶，而且看来荷花在严冬的冰下并没有停止行动，因为在离开原有五六个叶片的那块基地比较远的池塘中心，也长出了叶片。叶片扩张的速度，范围的扩大，都是惊人地快。几天之内，池塘内不小一部分，已经全为绿叶所覆盖。而且原来平卧在水面上的像是水浮莲一样的叶片，不知道是从哪里积蓄了力量，有一些竟然跃出了水面，长成了亭亭的荷叶。原来我心中还迟迟疑疑，怕池中长的是水浮莲，而不是真正的荷花。这样一来，我心中的疑云一扫而光：池塘中生长的真正是洪湖莲花的子孙了。我心中狂喜，这几年总算是没有白等。

第六节　z、c、s 的发声训练

　　z、c、s 是一组舌尖前音的练习，这一组音的发声阻碍在舌尖与上门齿背之间，因此称为"舌尖前音"。

一、语音训练

（一）z：舌尖前不送气清塞擦音

　　舌尖抵住上门齿背形成阻碍，在阻塞的部位后积蓄气流，同时软腭上升，关闭鼻腔通路；突然解除阻塞时，在原形成闭塞的部位之间保持适度的间隙，使气流从间隙透出而成声。

1. 单音节
匝　责　祖　自　再　贼　左　最　赞　怎　脏　增　纵　钻　尊

2. 双音节
自足　造作　组织　最早　宗族　走卒　祖宗　总则　自尊　藏族

3. 四音节

左右为难　自作自受　坐吃山空　再接再厉　责无旁贷
座无虚席　自告奋勇　罪魁祸首　自得其乐　孜孜不倦

（二）c：舌尖前送气清塞擦音

舌尖抵住上门齿背形成阻碍，在阻塞的部位后积蓄气流，同时软腭上升，关闭鼻腔通路；突然解除阻塞时，从肺部呼出一股较强的气流而成声。

1. 单音节

擦　厕　粗　此　才　曹　凑　搓　脆　蚕　岑　苍　层　聪

2. 双音节

苍翠　措辞　参差　从此　猜测
层次　粗糙　璀璨　仓促　草丛

3. 四音节

惨无人道　蚕食鲸吞　沧海桑田　草木皆兵　惨不忍睹
此起彼伏　才疏学浅　藏龙卧虎　侧目而视　藏头露尾

（三）s：舌尖前清擦音

舌尖接近上门齿背，形成间隙，同时软腭上升，关闭鼻腔通路；使气流从间隙中摩擦通过而成声。

1. 单音节

洒　色　诉　似　腮　臊　所　随　伞　森　丧　僧　颂　算　损

2. 双音节

三思　搜索　诉讼　四散　送死
思索　色素　洒扫　琐碎　松散

3. 四音节

俗不可耐　所向无敌　死去活来　四面楚歌　死里逃生
四通八达　司空见惯　丝丝入扣　随机应变　随声附和

二、绕口令练习

三哥三嫂子

三哥三嫂子，请借我三斗三升酸枣子，等我明年采了酸枣子，再还你四斗四升酸枣子。

三、作业

（1）发声训练。

(2) 绕口令训练。
(3) 小短文训练。

记念刘和珍君(节选)
鲁迅

　　真的猛士,敢于直面惨淡的人生,敢于正视淋漓的鲜血。这是怎样的哀痛者和幸福者?然而造化又常常为庸人设计,以时间的流驶,来洗涤旧迹,仅使留下淡红的血色和微漠的悲哀。在这淡红的血色和微漠的悲哀中,又给人暂得偷生,维持着这似人非人的世界。我不知道这样的世界何时是一个尽头!

第五章 普通话韵母的训练

韵母是音节中后面的部分,它由韵头、韵腹、韵尾三部分组成。韵头通常由 i、u、ü 来担任;韵腹是韵母的主要角色,由 10 个单元音韵母担任;韵尾由 i、o、(u)及鼻辅音 n、ng 担任。普通话里共有 39 个韵母,其中单元音韵母有 10 个,复韵母有 13 个,鼻韵母有 16 个。

第一节 单元音韵母的发声训练

单元音韵母有 10 个:a、o、e、ê、i、u、ü、-i(舌尖前元音韵母)、-i(舌尖后元音韵母)、er(卷舌韵母)。

元音是整个音节中开口最大的部位和声音最响亮的部分,元音由韵母的中部构成,是枣核状吐字的最圆部分。

一、语音训练

(一) a

舌面、央、低、不圆唇元音。发音时,舌头自然平放,舌尖接触下齿龈,口腔后半部分呈半打哈欠状态。

1. 单音节

啊 杀 擦 撒 妈 发 她 啦 噶
啥 叉 哪 喀 哈 扎 搭 吧 八

2. 双音节

爸爸 妈妈 发麻 大妈 喇叭 哈达
发达 拉萨 沙发 喇嘛 打靶 其他

3. 四音节

飒爽英姿 马不停蹄 茶余饭后 大有作为
大智若愚 煞有其事 八面玲珑 跋山涉水

（二）o

舌面、后、半高、圆唇元音。发音时,口腔半闭,舌头后缩,舌根抬起,舌面两边微卷,舌面中部凹陷。

1. 单音节

摸　噢　波　拨　莫　佛　颇　博　磨　婆

2. 双音节

伯伯　薄弱　破获　婆婆　默默
菠萝　萝卜　泼墨　薄膜　磨破

3. 四音节

博古通今　迫在眉睫　默默无闻　模棱两可　博学多才
破涕为笑　莫名其妙　莫逆之交　破釜沉舟　迫不及待

（三）e

舌面、后、半高、不圆唇元音。发音时,唇形不圆,口腔半闭,嘴角展开,舌尖稍微偏离下齿背,舌面平。

1. 单音节

乐　哥　课　喝　遮　车　奢　热　瑟　德　饿　测

2. 双音节

合格　客车　色泽　苛刻　特色
割舍　隔阂　瑟瑟　特赦　折合

3. 四音节

和盘托出　和颜悦色　何乐不为　得心应手　可歌可泣
刻骨铭心　歌舞升平　何去何从　责无旁贷　克己奉公

（四）ê

舌面、前、半低、不圆唇元音。发音时,口腔半开,舌尖接近下齿背,舌中部隆起,上下唇开度比 e 大。ê 在汉语语音里永远与 i、ü 结合使用,不单独构成韵母。

1. 单音节

皆　别　写　贴　学　觉　节　确　薛　且

2. 双音节

谢绝　确切　协约　解决　学业
节约　借阅　血液　确切　雀跃

3. 四音节

跃马扬鞭　皆大欢喜　绝处逢生　切肤之痛　邪不压正
确有其事　锲而不舍　血气方刚　戒骄戒躁　雪中送炭

（五）i

舌面、前、高、不圆唇元音。发音时，口腔开度较小，舌尖抵住下齿背，舌中部稍隆起，嘴角向两边展开。

1. 单音节
一 系 比 七 西 你 低 笔 鼻 皮 提 及 喜 气 以

2. 双音节
立即　秘密　机器　激励　霹雳　袭击
离奇　奇异　稀奇　笔记　地理　力气

3. 四音节
鸡犬不宁　低声下气　避难就易　比比皆是　疾言厉色
地大物博　一技之长　毕恭毕敬　疲于奔命　立竿见影

（六）u

舌面、后、高、圆唇元音。发音时，口腔开度小，舌尖离下齿背稍远，舌尖后缩，唇部向前微撮，呈圆形。

1. 单音节
部 促 出 度 服 古 苦 入 路
素 图 组 木 哭 书 苏 补 无

2. 双音节
粗鲁　辅助　图书　出路　读书
糊涂　出租　孤独　突出　互助

3. 四音节
不亦乐乎　不速之客　不在话下　不耻下问　不分皂白
不伦不类　不谋而合　出口成章　不共戴天　不动声色

（七）ü

舌面、前、高、圆唇元音。发音时，口腔开度很小，双唇聚拢。ü与i的发音基本相同，区别是i不圆唇，而ü圆唇。

1. 单音节
居 拘 举 沮 迂 女 吕 虚 屈 菊 巨
据 剧 取 鞠 橘 桔 局 矩 举 沮 句

2. 双音节
旅居　旅行　聚居　萵苣　居住　语句　区域
序曲　沮丧　聚集　女皇　履历　拒绝　豫剧

3. 四音节
取长补短　取之不尽　局促不安　据理力争　据为己有

聚精会神　举目无亲　举一反三　屈指可数　曲尽其妙

（八）-i（前）

舌尖、前、高、不圆唇元音。发音时,舌尖向前伸至接近上齿背时,唇形不圆。-i不能单独做韵母,一般出现在 z、c、s 后面。

1. 单音节
资　词　思　紫　此　斯

2. 双音节
私自　四次　子嗣　次子　此次

3. 四音节
孜孜不倦　慈眉善目　丝丝入扣　自以为是　恣意妄为
词不达意　四平八稳　似是而非　死不瞑目　紫气东来

（九）-i（后）

舌尖、后、高、不圆唇元音。发音时,舌尖上翘至接近硬腭前部时,唇形不圆。-i不能单独做韵母,一般出现在 zh、ch、sh 后面。

1. 单音节
只　吃　日　实　知　事

2. 双音节
支持　日食　食指　市尺　智齿

3. 四音节
实事求是　视而不见　赤子之心　执迷不悟　叱咤风云
痴人说梦　时不待我　指鹿为马　知书达理　耻居人下

（十）er

卷舌、央、中、不圆唇元音,又称为卷舌音。发音时,口腔自然打开,扁唇,舌头向硬腭中部上卷,声带振动。软腭上升,关闭鼻腔通路。

1. 单音节
而　儿　耳　二　尔

2. 双音节
而且　然而　二字　女儿　耳朵　木耳
而后　偶尔　二胡　第二　儿媳　儿童

3. 四音节
尔雅温文　尔虞我诈　接二连三　耳听八方　耳熟能详
而立之年　耳闻目睹　耳濡目染　出尔反尔　耳目一新

二、绕口令练习

二是二

二是二,十二是十二,二十是二十,小二子一口气数完二千二百二十二万二千二百二十二点二二。

三、作业

(1) 发声训练。
(2) 绕口令训练。
(3) 小短文训练。

一日的春光(节选一)
冰心

去年冬天是特别的冷,也显得特别的长。每天夜里,灯下独坐,听着扑窗怒号的朔风,小楼震动,觉得身上心里,都没有一丝暖气,一冬来,一切的快乐、活泼、力量、生命,似乎都冻得蜷伏在每一个细胞的深处。我无聊地安慰自己说:"等着吧,冬天来了,春天还能很远么?"

然而这狂风,大雪,冬天的行列,排得意外的长,似乎没有完尽的时候。有一天看见湖上冰软了,我的心顿然欢喜,说:"春天来了!"当天夜里,北风又卷起漫天匝地的黄沙,忿怒地扑着我的窗户,把我心中的春意,又吹得四散。有一天看见柳梢嫩黄了,院里的桃花开了,可天刚刚过午,从东南的天边,顷刻布满了惨暗的黄云,跟着千枝风动,这刚放蕊的春英,又都埋罩在漠漠的黄尘里……

四月三十日的下午,有位朋友约我到挂甲屯吴家花园去看海棠,"且喜天气晴朗"——现在回想起来,那天是九十天来唯一的春天——海棠花又是我所深爱的,就欣然地答应了。

东坡恨海棠无香,我却以为若是香得不妙,宁可无香。我的院里栽了几棵丁香和珍珠梅,夏天还有玉簪,秋天还有菊花,栽后都很后悔。因为这些花香,都使我头疼,不能折来养在屋里。所有香的花中,我只爱兰花、桂花、香豆花和玫瑰,无香的花中,海棠要算我最喜欢的了。

第二节　复韵母的发声训练

一、语音训练

复韵母分为二合前响复韵母和二合后响复韵母。

二合前响复韵母共有 4 个：ai、ei、ao、ou，它们均是由两个元音构成。其中，前元音是主要的，是韵腹，声音响亮；后一个是韵尾，声音较弱。

二合后响复韵母共有 5 个：ia、ie、ua、uo、üe，它们也是由两个元音组成，后面的元音是主要元音，比前面的元音发音响亮。

（一）ai

发音时，a 处于略前且高的位置，口腔开度略小。i 只是表示舌头移动的方向，实际发音到不了 i 的位置。

1. 单音节
摘　该　柴　在　还　白　拍　买　拆　开　来　塞　晒　菜

2. 双音节
买卖　灾害　海岱　彩排　白菜　晒台　拆台　爱戴

3. 四音节
开门见山　骇人听闻　拍手称快　爱莫能助　爱屋及乌
塞翁失马　哀鸿遍野　开诚布公　爱憎分明　海枯石烂

（二）ei

ei 当中的 e 是一个前、半高、不圆唇元音，舌位比 i 低一点，发音时，从 e 过渡到 i。

1. 单音节
背　没　陪　内　非　贼　黑　北　累　飞　被　美　梅　费　杯　胚

2. 双音节
肥美　妹妹　北美　贝类　北非　黑煤　配备　蓓蕾

3. 四音节
悲欢离合　雷霆万钧　杯弓蛇影　黑白分明　飞黄腾达
废寝忘食　费尽心机　美不胜收　飞沙走石　飞扬跋扈

(三) ao

发音时,a受到后、高元音的影响,处于比较靠后的位置,舌位比较高,由于o是u的化身,所以发音归音到u。

1. 单音节
闹 包 跑 毛 到 高 逃 老 靠 绕 奥 好 扫 曹 少

2. 双音节
早操　骚扰　报道　抛锚　报告　逃跑
高考　照抄　劳保　操劳　牢靠　好好

3. 四音节
草木皆兵　操之过急　劳而无功　老成持重　老生常谈
报仇雪恨　草草了事　少见多怪　老态龙钟　饱食终日

(四) ou

ou里的o比单发时舌位高且靠后,唇形没有单发时圆,双唇略撮,舌尖接近下齿背,u比单发时口腔开口大,唇形较扁。

1. 单音节
楼 斗 偶 走 搜 邹 肉 瘦 昼 后 狗 扣 头 剖 某

2. 双音节
走漏　漏斗　收购　守候　抖擞　欧洲　后头　豆蔻　丑陋　口头

3. 四音节
手舞足蹈　愁眉不展　血口喷人　心口如一　一筹莫展
踌躇不前　臭名昭著　手疾眼快　手忙脚乱　虚有其表

对比辨音练习,例如:
ai—ei　　白—北　　买—美　　耐—内
ao—ou　　凹—欧　　涝—漏　　少—手

(五) ia

发音时,a由于受高元音 i 的影响,舌位稍高,口腔开度比单发时稍闭。同样的,i 也会受央、低元音 a 的影响,舌位稍降,口腔稍高。

1. 单音节
甲 下 霞 嗲 压 俩 家 恰 呀 夏 丫

2. 双音节
恰恰　下压　假牙　加价　下架

3. 四音节
狭路相逢　家喻户晓　下里巴人　驾轻就熟　恰如其分

恰到好处　虾兵蟹将　价值连城　价廉物美　嫁祸于人

（六）ie

ie当中的e是一个前、半低、不圆唇元音，在拼音方案中记作ê，一般可以用e来代替。发音时，前舌面略向硬腭上升，舌位半低，不圆唇。i的发音较为短暂，ê的发音较为响亮。

1. 单音节

跌　铁　列　且　也　写　贴　烈　窃　届　别　撇　灭　谢　借　瘪

2. 双音节

姐姐　节烈　贴切　谢谢　结业　铁鞋

3. 四音节

别开生面　借花献佛　夜长梦多　别出心裁　切齿痛恨
别具一格　借题发挥　解甲归田　喋喋不休　铁面无私

（七）ua

发音时，a的口型比单发时稍圆，口腔稍开，u的口腔稍开，舌位稍降。

1. 单音节

挎　瓜　话　抓　哇　画　刷　寡　花

2. 双音节

刷牙　耍滑　刮花　娃娃　瓜分　挂画

3. 四音节

寡见少闻　夸夸其谈　抓耳挠腮　瓜田李下　哗众取宠
华而不实　八面玲珑　花好月圆　画饼充饥　画龙点睛

（八）uo

发音时，uo当中的o比单发时口腔稍闭，唇形稍圆。uo中的u比单发时的唇形略大，但发得轻而短。

1. 单音节

我　扩　缩　错　做　托　若　说　戳　桌　或

2. 双音节

火锅　哆嗦　错误　懦弱　阔绰　硕果　蹉跎　骆驼

3. 四音节

如获至宝　落井下石　脱颖而出　如火如荼　落落大方
脱口而出　过河拆桥　过目成诵　落花流水　络绎不绝

（九）üe

üe中的e与ie中的e属于同一元音，在拼音方案中记作ê。发音时，注意ü

要撮口,打开口腔。

1. 单音节

觉 却 略 虐 薛 学 月 绝 越 掠

2. 双音节

掠夺 月租 约束 悦耳 血液 学界 决策 月缺

3. 四音节

雪中送炭 学以致用 却之不恭 绝路逢生 略胜一等
雪上加霜 血口喷人 略见一斑 却之不恭 绝无仅有

二、绕口令练习

黑猫黑狗毛黑

黑猫黑狗毛黑,白猫白狗毛白。黑猫没有黑狗毛黑,白猫没有白狗毛白。黑猫黑狗毛比白猫白狗毛黑,白猫白狗毛比黑猫黑狗毛白。

雷奶奶有四个袋子

雷奶奶有四个袋子,装了四袋麦子。雷奶奶想晒麦子,可是抬不动袋子。邻居裴家的四个孩子,帮雷奶奶抬袋子、晒麦子。雷奶奶夸他们是好孩子。

涛涛有串葡萄

涛涛有串葡萄,毛毛有包核桃。涛涛爱吃毛毛的核桃,毛毛爱吃涛涛的葡萄。涛涛拿葡萄换核桃,毛毛拿核桃换葡萄。

三、作业

(1) 发声训练。

(2) 绕口令训练。

(3) 小短文训练。

一日的春光(节选二)
冰心

海棠是浅浅的红,红得"乐而不淫",淡淡的白,白得"哀而不伤",又有满树的绿叶掩映着,像一个天真、健美、欢悦的少女,同是造物者最得意的作品。

斜阳里,我正对着那几树繁花坐下。

春在眼前了!

这四棵海棠在怀馨堂前,北边的那两棵较大,高出堂檐约五六尺。花后是响晴蔚蓝的天,淡淡的半圆的月,遥俯树梢。这四棵树上,有千千万万玲珑娇艳的花朵,乱哄哄地在繁枝上挤着开……

看见过幼稚园放学没有？从小小的门里,挤着的跳出的涌出的一大群的快乐、活泼、力量和生命,这一大群孩子分散在极大的周围,在生的季候里定格为永远的春天!

那在海棠枝上卖力的春,使我当时有同样的感觉。

一春来对于春的憎嫌,这时都消失了,喜悦地仰首,眼前是烂漫的春,骄奢的春,光艳的春,——似乎春在九十日来无数的徘徊瞻顾,只为的是今日在此树枝头,快意恣情的一放!

……

虽然九十天中,只有一日的春光,而对于春天,似乎已得了酬报,不再怨恨憎嫌了。只是满意之余,还觉得有些遗憾,如同小孩子打架后相寻,大家忍不住回嗔作喜,却又不肯即时言归于好,只背着脸,低着头,噘着嘴说:"早知道你又来哄我找我,当初又何必把我冰在那里呢?"

第三节　三合中响复韵母

三合中响复韵母共有 4 个：iao、iou、uai、uei,它们中间的元音为韵腹,是主要元音,前后元音为韵头和韵尾,是次要元音,起到起音和归音的作用。iou、uei 两个韵母前面有声母时,写作 iu、ui,中间的元音 o、e 省略。

一、语音训练

（一）iao

发音时,在 ao 的基础上增加了 i 的发音动程,i 的舌位比单元音 i 的舌位高,与上颚更加接近。a 的发音响亮,最后趋向于 o(u) 的位置。

1. 单音节

笑　表　瓢　秒　条　调　小　教　桥　妙　跳　敲　叫　飚　苗

2. 双音节

缥缈　萧条　逍遥　小鸟　教条　脚镣
娇小　吊桥　疗效　叫嚣　巧妙　苗条

3. 四音节

调虎离山　焦头烂额　雕虫小技　调兵遣将　表里如一
摇摇欲坠　咬文嚼字　交头接耳　脚踏实地　标新立异

（二）iou

发音时，舌位由 i 向后向低过渡，发 o 音时后舌面向软腭升起，唇形圆，最后趋向于韵尾 u 的位置。汉语拼音写作 iu，但发音时不能省略 o。

1. 单音节

修　就　丢　旧　友　牛　谬　六　秀
有　球　酒　刘　妞　绣　秋　裘　柳

2. 双音节

妞妞　求救　优秀　绣球　牛油　悠久　舅舅

3. 四音节

有口皆碑　流连忘返　咎由自取　流言蜚语　救死扶伤
休戚与共　流芳百世　求同存异　袖手旁观　丢卒保车

（三）uai

发音时，在 ai 的基础上增加了辅元音 u 的发音动程，由于受到圆唇 u 的影响，ai 里的 a 唇形稍圆。

1. 单音节

怪　坏　帅　乖　歪　甩　拐　踹　快　拽　踩　筷　外

2. 双音节

乖乖　甩卖　外快　怀揣　摔坏　衰败　外踝

3. 四音节

率由旧章　率土之滨　怀才不遇　外强中干　拐弯抹角
快马加鞭　歪风邪气　怀璧其罪　脍炙人口　率尔成章

（四）uei

发音时，在 ei 的基础上增加了辅元音 u 的发音动程，舌位从后先降后升，前舌面向硬腭上升，不圆唇，韵尾 i 表示元音活动的方向。汉语拼音写作 ui，e 发音不突出。

1. 单音节

亏　贵　推　追　吹　回　水　催　嘴　位　虽　退

2. 双音节

水位　回味　摧毁　溃退　翠微　醉鬼　回归

3. 四音节

水乳交融　对答如流　推陈出新　归心似箭　岿然不动
瑞雪丰年　灰心丧气　回味无穷　窥间伺隙　微乎其微

二、作业

（1）发声训练。
（2）绕口令训练。
（3）小短文训练。

第四节　前鼻音韵母的训练

前鼻音韵母有8个：an、en、ian、in、uan、uen、üan、ün。

一、语音训练

（一）an

发音时，an中的a由于受到前鼻韵尾n的影响，a的舌位处于较前的位置，a为前、低、不圆唇元音。n的归音部位比它充当声母时的除阻部位稍后。

1. 单音节
咱　但　看　站　三　山　蓝　甘　反　半　慢　安　汗　然　产　餐

2. 双音节
漫谈　淡蓝　感染　汗衫　展览　散漫　反叛

3. 四音节
昙花一现　闪闪发光　汗马功劳　暗送秋波　寒泉之思
半路出家　半信半疑　暗箭伤人　安居乐业　按兵不动

（二）en

发音时，e的舌位比单发时靠前，舌头处于静止的位置，紧接着，舌位升高，舌尖顶住上齿龈，软腭下垂，气流从鼻腔流出，归音到鼻辅音n上。

1. 单音节
跟　肯　很　阵　恩　本　喷　门　分　真　份　趁　神　人　怎

2. 双音节
愤恨　人参　振奋　分神　深沉　认真　根本

3. 四音节
纷至沓来　奋不顾身　根深叶茂　门庭若市　分道扬镳

分秒必争　分门别类　亘古通今　门户之见　分工合作

（三）ian

发音时，an 韵前加了一个 i 作为韵头，a 处于比较前和比较高的位置。在实际运用中，动程要宽，活动范围稍大，要把字腹发得更加饱满。

1. 单音节

眼　言　前　片　变　点　天　面
年　连　见　先　边　间　田　线

2. 双音节

鲜艳　牵连　简便　偏见　年限　减免　电线

3. 四音节

见利忘义　年富力强　颠沛流离　点石成金　浅尝辄止
坚持不懈　先礼后兵　箭在弦上　天涯海角　黔驴技穷

（四）in

发音时，舌尖抵住下齿背发出 i 音，舌尖上举顶住上齿龈，同时软腭下降，气流从鼻腔流出。

1. 单音节

进　金　勤　音　引　印　斌　彬　品
拼　民　敏　您　琳　邻　亲　新　心

2. 双音节

殷勤　贫民　亲近　拼音　尽心
金银　亲信　民心　信心　濒临

3. 四音节

心心相印　民脂民膏　隐姓埋名　民富国强　引人注目
宾至如归　心猿意马　饮水思源　彬彬有礼　引人入胜

（五）uan

发音时，由于 an 韵前加了一个 u 作为韵头，所以，a 的舌位比单发时靠前，a 为前、低、不圆唇元音，u 的口型比单发时稍圆。

1. 单音节

玩　晚　完　段　短　传　窜　管
关　团　换　船　攒　环　蒜　赚

2. 双音节

转弯　婉转　专款　贯穿　软缎　乱窜　专断

3. 四音节

缓兵之计　关门大吉　欢天喜地　欢欣鼓舞　蛮横无理

穿云裂石　满腹经纶　川流不息　完璧归赵　宽大为怀

（六）uen

发音时,先发u,舌头抬高至接近软腭时,圆唇,u发得轻而短;紧接着,舌尖前伸抵住上齿龈,软腭下降,气流从鼻腔流出。

1. 单音节

问　文　吨　顿　吞　臀　论　轮　困　坤　混
昏　春　纯　顺　瞬　润　闰　村　寸　孙　笋

2. 双音节

温顺　昆仑　论文　春笋　混沌　滚滚

3. 四音节

闻过则喜　囤积居奇　浑然一体　论长论短　魂飞魄散
论古谈今　昆山片玉　顺理成章　顺藤摸瓜　茅塞顿开

（七）üan

发音时,由于an韵前加了一个轻而短的ü作为韵头,所以,a的舌位比单发时偏高,u的舌位较高且靠前,唇形较圆。

1. 单音节

悬　炫　泉　媛　员　全　卷　选　圈
犬　院　倦　愿　轩　劝　元　捐　权

2. 双音节

捐献　圆圈　全权　源泉　渲染　宣传

3. 四音节

悬梁刺股　悬灯结彩　旋乾转坤　喧宾夺主　冤家路窄
鸢飞鱼跃　捐躯殉国　全力以赴　远走高飞　卷土重来

（八）ün

发音时,先发ü,唇形没有单发时圆,舌面接近硬腭;紧接着,舌头前伸抵住上齿龈,软腭下垂,气流从鼻腔流出。

1. 单音节

君　裙　晕　云　孕　熏　运　均　军
群　寻　训　逊　允　勋　骏　询　韵

2. 双音节

询问　军队　军训　均匀　云云　云雀　功勋

3. 四音节

君子之交　群龙无首　群魔乱舞　循循善诱　云中白鹤

芸芸众生　　晕头转向　　循序渐进　　君臣佐使　　寻根究底

三、作业

(1) 发声训练。
(2) 绕口令训练。
(3) 小短文训练。

背影（节选）
朱自清

我说道："爸爸，你走吧。"他往车外看了看说："我买几个橘子去。你就在此地，不要走动。"我看那边月台的栅栏外有几个卖东西的等着顾客。走到那边月台，须穿过铁道，须跳下去又爬上去。父亲是一个胖子，走过去自然要费事些。我本来要去的，他不肯，只好让他去。我看见他戴着黑布小帽，穿着黑布大马褂，深青布棉袍，蹒跚地走到铁道边，慢慢探身下去，尚不大难。可是他穿过铁道，要爬上那边月台，就不容易了。他用两手攀着上面，两脚再向上缩；他肥胖的身子向左微倾，显出努力的样子。这时我看见他的背影，我的泪很快地流下来了。我赶紧拭干了泪。怕他看见，也怕别人看见。

第五节　　后鼻音韵母的训练

后鼻音韵母有 8 个：ang、eng、ong、iang、ing、uang、ueng、iong。

一、语音训练

（一）ang

发音时，ang 中的 a 受后鼻韵尾 ng 的影响，a 处于比较靠前的位置，a 为后、低、不圆唇元音。

1. 单音节

唱　桑　嗓　昂　帮　棒　胖　旁　囊　忙
郎　长　上　商　淌　唐　狼　盲　放　刚

2. 双音节

螳螂　帮忙　长廊　上当　想象　商场
张扬　尝尝　商量　上梁　当场　苍茫

3. 四音节
长歌当哭　长吁短叹　榜上有名　当仁不让　张冠李戴
刚毅木讷　将功补过　匠心独运　慷慨激昂　张口结舌

（二）eng

发音时,e 的舌位比单发时偏靠前且较低,然后舌根后缩与软腭接触,此时软腭下垂,气流从鼻腔流出。

1. 单音节
呈　城　声　彭　梦　等　灯　能　蹦　泵　碰
猛　疯　封　省　冷　楞　更　耕　升　横　仍

2. 双音节
升腾　省城　等等　盛行　鹏程
蹦腾　曾僧　奉承　坑蒙　冷哼

3. 四音节
瞠目结舌　乘风破浪　登峰造极　风驰电掣　能歌善舞
风光迤逦　绠短汲深　更阑人静　横枪跃马　冷若冰霜

（三）ong

ong 发音时,o 的发音与单韵母 o 不同,它的口腔开度比 u 稍大,口腔通路封闭,发鼻音。

1. 单音节
葱　送　宋　同　通　痛　共　孔　恐　冲　重　红
工　公　空　宏　洪　从　聪　颂　诵　东　懂　动

2. 双音节
动工　红铜　洪亮　送终　恐龙　空洞　公共
通用　同盟　瞳孔　匆匆　冲动　工棚　葱茏

3. 四音节
充耳不闻　重蹈覆辙　崇山峻岭　公报私仇　公正无私
轰轰烈烈　红妆素裹　鸿鹄之志　同仇敌忾　同工异曲

（四）iang

发音时,由于在 ang 韵的前面加了一个短而轻的 i 作为韵头,所以发音时 iang 韵的动程较宽。

1. 单音节
样　杨　奖　讲　娘　酿　酱
将　强　墙　向　像　想　阳

2. 双音节

强项　枪响　想象　像样　将相
奖项　娘娘　亮相　跟跄　两项

3. 四音节

江郎才尽　将功补过　匠心独运　强弩之末　良辰美景
良禽择木　相安无事　相得益彰　墙头马上　强词夺理

（五）ing

发音时,舌面接近硬腭先发出 i,然后舌头后缩,舌根与软腭接触,口腔关闭,气流从鼻腔流出。

1. 单音节

并　冰　病　影　应　英　名　明　平　凭　停　听
令　另　灵　宁　凝　咛　景　静　京　形　行　兵

2. 双音节

青年　明星　叮咛　英明　倾听　明镜　聆听
病变　京津　星空　静音　精英　宁静　性情

3. 四音节

精打细算　大庭广众　情至意尽　明争暗斗　冰清玉洁
名不虚传　顶天立地　铤而走险　鼎鼎大名　平分秋色

（六）uang

发音时,由于在 ang 韵前加了一个短而轻的 u 作为韵头,所以 uang 的韵母动程较宽,受到 u 的影响,a 的唇形较圆。

1. 单音节

网　望　王　光　广　逛　筐　狂　矿　黄
床　创　窗　状　撞　装　双　爽　霜　孀

2. 双音节

彷徨　荒唐　惶恐　状况　装窗　网状
矿藏　广场　双簧　狂妄　霜降　床帐

3. 四音节

荒无人烟　黄道吉日　黄粱美梦　恍然大悟　窗明几净
创家立业　装聋作哑　壮志凌云　双喜临门　爽心悦目

（七）ueng

发音时,由于在 eng 韵前加了一个短而轻的 u 作为韵头,所以,先发 u,然后发 eng。在普通话中,ueng 只能在零声母音节中出现,它不能与任何辅音声母相结合,因此它与 ong 是互补的。

1. 单音节
翁 嗡 瓮

2. 双音节
老翁　渔翁　嗡嗡

3. 四音节
瓮声瓮气　瓮中捉鳖

（八）iong

发音时,由于 i 受到圆唇 o 的影响,唇形较扁圆,接近于 ü。

1. 单音节
勇 用 永 涌 熊 胸 凶 穷 琼 穹 兄 拥

2. 双音节
汹涌　永远　穷尽　拥护　琼浆　勇敢　涌动

3. 四音节
穷家富路　穷山恶水　琼浆玉液　凶多吉少　凶神恶煞
胸无点墨　雄才大略　勇而无谋　勇往直前　用兵如神

二、对比辨音练习

an—ang	南方	反抗	繁忙
en—eng	本能	神圣	人证
in—ing	聘请	新兴	心灵
ian—iang	边疆	联想	勉强
uan—uang	观光	宽敞	钻床
uen—ueng	温—翁	问—瓮	
ün—iong	运用	军用	群雄

三、绕口令练习

洞庭湖上一根藤

洞庭湖上一根藤,青青藤条挂金铃,风吹藤动金铃响,风停藤静铃不鸣。

姓陈不能说成姓程

姓陈不能说成姓程,姓程不能说成姓陈。禾木是程,耳东是陈。如果陈程不分,就会认错人。

胡老师说说

我们为什么要进行语言训练?

因为语言是人类思维的载体、交流的工具,拥有好口才会使你在职场竞争中更加便利顺畅,使你能更加方便地进入升职的快速通道,使你更容易成为社会的主角,使你能早日踏上成功之路。

四、作业

(1) 发声训练。
(2) 绕口令训练。

第六章 音　　变

在用普通话进行会话和朗读时,由于音节之间的相互影响,有的音节的读音会发生一定的变化,这种语音的变化现象就叫音变。普通话的音变主要有变调、轻声、儿化、"啊"的音变等。

第一节　上声的变调

普通话上声音节的调值是214,当它独立使用或出现在词、短语、句子的末尾时,它的调值不受影响;但是,当它出现在另一个音节前面时,上声就会发生变调。

一、上声变调规律

(1) 上声在非上声前,调值由214变成211。

例如:上声+非上声。

① 上声+阴平。

| 许多 | 指标 | 整装 | 产生 | 采编 | 黢黑 | 友邦 | 卤虾 |
| 恍惚 | 哪些 | 阻击 | 雨衣 | 马车 | 保温 | 打通 | 旅居 |

② 上声+阳平。

| 普及 | 解决 | 反常 | 讲台 | 补习 | 骨骼 | 匪夷 | 济南 |
| 蟒蛇 | 眼馋 | 语言 | 领衔 | 海拔 | 鲤鱼 | 朗读 | 皎洁 |

③ 上声+去声。

| 假设 | 主要 | 想象 | 本命 | 理论 | 坦率 | 胆怯 | 搅拌 |
| 癖好 | 巩固 | 踩踏 | 乞丐 | 扫兴 | 统摄 | 诅咒 | 闪烁 |

(2) 两个上声相连,前一个上声音节的调值由214变成35。

例如:上声+上声。

| 起早 | 主讲 | 洗澡 | 保险 | 简短 | 鬼脸 | 远景 |
| 海岛 | 表姐 | 友好 | 水桶 | 勇敢 | 小组 | 解渴 |

(3) 三个上声相连,一般末尾音节的调值不变,其格式分为两种情况:单双格

和双单格。

① 单双格：调值变为211、35、214。

很理想　小老虎　海产品　好导演　冷处理　党小组

② 双单格：调值变为35、35、214。

管理组　虎骨酒　敏感点　勇敢者　打靶场　水彩笔
洗脸水　考古所　展览馆　手写体　蒙古语　演讲稿

二、语音训练

（一）四音节词语声调配合练习

1. 阴阳上去

高原广阔　山河美丽　花红柳绿　山明水秀　资源满地
发扬友爱　光明磊落　巍峨耸立　中国伟大　天然宝藏

2. 去上阳阴

墨守成规　痛改前非　调虎离山　异曲同工　大雨瓢泼
细雨和风　万里晴空　妙手回春　破釜沉舟　四海为家

（二）声调综合训练

搭配	打靶	诞辰	大厂	呆滞	胆汁	怠慢	逮捕	单调	胆怯	弹力
堤坝	低劣	遗传	抵押	地壳	地址	当铺	党参	豆豉	档案	兜售
刀刃	导师	导游	捣乱	悼念	盗窃	道歉	玷污	的确	灯泡	登记
颠覆	癫痫	典型	电影	等待	缔约	簸箕	习难	雕塑	吊唁	调羹
二胡	调侃	调配	调唆	跌宕	叮嘱	渎职	夺取	躲藏	坠落	讹诈
额外	婀娜	厄运	扼杀	恶劣	愕然	遏止	噩梦	恩赐	儿歌	而且
耳塞	冻结	侗族	恫吓	豆萁	督促	笃信	堵塞	妒忌	独裁	杜撰
肝炎	锻炼	对联	对峙	囤积	多数	洞穴	蛋白质	咄咄逼人

三、作业

(1) 发声训练。

(2) 变调训练。

(3) 小短文训练。

我见过你哭

拜伦

我看过你哭——一滴明亮的泪涌上了你蓝色的眼珠；那时候，我心想，这岂不就是一朵紫罗兰上垂着露;我看过你笑——蓝宝石的火焰在你前面也不再发闪;宝石的闪烁怎么比得上你那一瞥的灵活的光线。仿佛是乌云从远方的太阳得到浓厚而柔和的色彩,就是冉冉的黄昏的暗影也不能将它从天空逐开;你那微笑给我阴沉的脑中也灌注了纯洁的欢乐;你的容光留下了光明一闪,直似太阳在我心里放射。

胡老师说说

人类的情感是经典文学作品最乐于表达的。我们在选择朗读作品的时候应尽量选择那种表现永恒情感的作品,如亲情、友情、爱情,这样的作品历久弥新。

第二节 "一""不""啊"的变调

在普通话中,"一"是阴平,调值为55;"不"是去声,调值为51。当它们独立使用或出现在词、短语、句子的末尾时,它们的调值不变。另外,"一"在作序数时,调值也不改变。但当"一""不"出现在另一个音节前,并和这个音节连续发音时,就会变调。

一、"一"的变调规律

(1) 当"一"后面是一个去声音节时,调值由55变为35,读第二声。例如:
一次　一会儿　一向　一块　一律　一定
(2) 当"一"后面是一个非去声音节时,调值由55变为51,读第四声。例如:
一天　一杯　一年　一瓶　一晚　一桶
(3) 当"一"处在重叠动词之间时,读轻声。例如:
看一看　想一想　听一听　说一说　尝一尝

二、"不"的变调规律

(1) 当"不"后面是一个去声音节时,"不"的调值由51变为35,读第二声。例如:
不怕　不是　不去　不会　不快　不愿
(2) 当"不"后面是一个非去声音节时,"不"的调值保持51不变,读原调,为第四声。例如:
不听　不多　不成　不同　不好　不懂

(3)当"不"处在重叠动词、重叠形容词之间时,读轻声。例如:
① 重叠动词:吃不吃　看不看　动不动　唱不唱　走不走
② 重叠形容词:美不美　亮不亮　红不红　甜不甜　像不像

三、"啊"的音变规律

当语气词"啊"出现在句首时,其读音不变。但当"啊"出现在句末或句中时,则是为了缓和语气,增加感情色彩,由于受到前面音节的末尾音素的影响,"啊"的读音会发生种种变化。

"啊"的音变会受前一个音节的影响,例如,"天啊""好啊""真美啊",这三个"啊"的读法就不一样。根据吐字归音的理论特点,"天啊"中的"啊"读 na,因为"天"归音到"n";"好啊"中的"啊"读 wa,因为"好"归音到"u";"真美啊"中的"啊"读 ya,因为"美"归音到"i";这些语音都是由前一个语音的归音所引起的变化。"啊"的音变归纳起来有以下特点:

(1)前面音节的末尾音素是 a、o、e、ê、i、ü 时,"啊"读作 ya。
(2)前面音节的末尾音素是 u(包括 ao、iao)时,"啊"读作 wa。
(3)前面音节的末尾音素是 n 时,"啊"读作 na。
(4)前面音节的末尾音素是 ng 时,"啊"读作 nga。
(5)前面音节的末尾音素是 i(zhi、chi、shi、ri 的韵母)或 er 时,"啊"读作 ra。
(6)前面音节的末尾音素是 i(zi、ci、si 的韵母)时,"啊"读作 za。

四、例句练习

1."啊"读作"ya"
回家啊!
多美的花啊!
真快啊!
快帮我解围啊!
来吃萝卜啊!
唱个歌啊!
好新式的大衣啊!

2."啊"读作"wa"
您那儿住啊!
真好啊!
这么小啊!
漏不漏啊!

看你一身油啊!
3. "啊"读作"na"
不简单啊!
笑的真欢啊!
加把劲啊!
买这么些冷饮啊!
多好玩啊!
发音真准啊!
4. "啊"读作"nga"
小心水烫啊!
小点声啊!
行不行啊!
不管用啊!
5. "啊"读作"ra"
怎么治啊!
真好吃啊!
什么事啊!
他是王小二啊!
6. "啊"读作"za"
原来如此啊!
吃瓜子啊!
这是第几次啊!
第四啊!

五、绕口令练习

张果老

外面敲门谁啊？我是张果老啊！你来行不行啊？我怕来得迟啊！装的是什么啊？装的葵花子啊！那你怎不吃啊？我怕你生气啊！手臂夹的啥啊？一件破棉袄啊！那你怎不穿啊？怕被虱子咬啊！叫你老伴拿啊？老伴死得早啊！那你怎不哭啊？盆儿啊！罐儿啊！我的亲老伴啊！

六、作业

(1) 发声训练。
(2) 变调练习。

(3) 小短文训练。

雨季不再来
三毛

总有一日,我要在一个充满阳光的早晨醒来,那时我要躺在床上,静静的听听窗外如洗的鸟声,那是多么安适而又快乐的一种苏醒。到时候,我早晨起来,对着镜子,我会再度看见阳光驻留在我的脸上,我会一遍遍的告诉自己,雨季过了,雨季将不再来。在那一日早晨,当我出门的时候,我会穿着那双清洁干燥的黄球鞋,踏上一条充满日光的大道,那时候,我会说,看这阳光,雨季将不再来。

第三节 轻 声

普通话的轻声是一种读得短而轻的声调,是从阴阳上去四声变化而来的,并在词语中伴随着重音出现。

一、轻声变调规律

轻声词是指第二个音节读轻声的双音词,例如,"和尚""豆腐""官司"等。下列情况都属于轻声发音错误:

(1) 把字典、词典和教材上注音统一、没有分歧的轻声音节读错了的。
(2) 把轻声音节音长读得和前一个音节相同的。
(3) 把轻声音节音长读得比前一个音节长的。

一般认为,轻声的调子要读得短而轻,这就要求在实际发音时,要使轻声音节的音长在其原有长度的基础上缩短,音强也要相应地削弱一些。大致情况如下:

阴平＋轻声(21)	苍蝇	称呼	师傅
阳平＋轻声(31)	蘑菇	便宜	行当
上声＋轻声(44)	耳朵	眼睛	哑巴
去声＋轻声(11)	热闹	客气	钥匙

在普通话中,有些词语读轻声是一种习惯;有些很有规律,如叠字名词;有些则没有规律可循。语气词"把""马""呢""啊",助词"的""得""着""了""过",代词"么",代词和名词的后缀"们",名词后缀"头""子"等单音节词都固定读作轻声,偏正词语"人头""孔子"不读轻声。

二、轻声和非轻声的不同意义

在普通话中,有些词的轻声和非轻声的意义不同,例如:

轻声	非轻声
本事:本领	本事:文学作品依据的故事
地方:区域,部位,部分	地方:跟"中央"相对,本地,当地
东西:泛指事物,代指人或物	东西:东边和西边,从东到西
来路:来历	来路:来的道路,来源
老子:父亲,骄傲或粗俗的人的自称	老子:人名,即老聃
兄弟:弟弟	兄弟:哥哥和弟弟
下水:牲畜的内脏	下水:进入水中
琢磨:思考,考虑	琢磨:雕刻和打磨
是非:口舌,纠纷	是非:事理的正确与错误
孙子:儿子的儿子	孙子:人名,即孙膑
买卖:生意	买卖:买和卖
丈夫:女性对配偶的称呼	丈夫:男子汉

三、语音练习

打扮	折腾	眯缝	提防	踢腾	估摸	嘱咐	知道	抬举	摆布
佩服	倒腾	闹腾	告诉	收拾	耽搁	麻利	马虎	踏实	扎实
和气	热乎	热闹	疲沓	腻烦	厉害	絮烦	糊涂	舒坦	疏忽
得了	忙啊	带着	妈妈	哥哥	女婿	大爷	道士	护士	虾米
抽屉	任务	甘蔗	核桃	脾气	苍蝇	牡丹	鼻涕	衣裳	蜘蛛

四、作业

(1) 发声练习。
(2) 熟读轻声词语表(见本书附录一)。

第四节 儿　　化

儿化是一种常见的音变现象,这些词的词尾有一个明显的卷舌音,因为在发词尾音节的主要元音时加了卷舌动作,这就是儿化。

儿化韵有两个显著特点:

(1) 原本是一个独立音节的"儿",在连续音变中,与前一个音节的韵母结合成为一个音节,即念到前一个音节韵母的末尾时,随之加上一个卷舌动作。

(2) "儿化"了的韵母带有卷舌色彩。带儿化韵母的音节,书面上一般用两个汉字来表示,如(huar)花儿。

一、语音练习

浪花儿	山坡儿	带头儿	台阶儿	一块儿	小孩儿
一点儿	没准儿	电影儿	门缝儿	花瓶儿	打鸣儿
眼皮儿	小鸡儿	树枝儿	写字儿	本色儿	小曲儿
好好儿	一会儿	拈阄儿	起名儿	拔尖儿	冰棍儿
纳闷儿	老头儿	围脖儿	豆角儿	中间儿	蝈蝈儿

二、普通话常用儿化词表

刀把儿	号码儿	戏法儿	在哪儿	找茬儿	板擦儿
名牌儿	鞋带儿	壶盖儿	加塞儿	快板儿	老伴儿
蒜瓣儿	脸盘儿	脸蛋儿	收摊儿	栅栏儿	包干儿
笔杆儿	门槛儿	药方儿	赶趟儿	香肠儿	瓜瓤儿
掉价儿	一下儿	豆芽儿	小辫儿	照片儿	扇面儿
差点儿	一点儿	雨点儿	聊天儿	拉链儿	冒尖儿
坎肩儿	牙签儿	露馅儿	心眼儿	鼻梁儿	透亮儿
花样儿	脑瓜儿	大褂儿	麻花儿	笑话儿	牙刷儿
一块儿	茶馆儿	饭馆儿	火罐儿	落款儿	打转儿
拐弯儿	好玩儿	大腕儿	蛋黄儿	打晃儿	天窗儿
烟卷儿	手绢儿	出圈儿	包圆儿	人缘儿	绕远儿
杂院儿	刀背儿	摸黑儿	老本儿	花盆儿	嗓门儿
把门儿	哥们儿	纳闷儿	后跟儿	高跟儿	别针儿
一阵儿	走神儿	大婶儿	粉末儿	杏仁儿	刀刃儿
钢镚儿	夹缝儿	脖颈儿	提成儿	半截儿	小鞋儿
旦角儿	主角儿	跑腿儿	一会儿	耳垂儿	墨水儿
围嘴儿	走味儿	打盹儿	胖墩儿	砂轮儿	冰棍儿
没准儿	开春儿	小翁儿	瓜子儿	石子儿	没词儿
挑刺儿	墨汁儿	锯齿儿	记事儿	针鼻儿	垫底儿

肚脐儿	玩意儿	有劲儿	送信儿	脚印儿	花瓶儿	
打鸣儿	图钉儿	门铃儿	眼镜儿	蛋清儿	火星儿	
人影儿	毛驴儿	小曲儿	痰盂儿	合群儿	模特儿	
逗乐儿	唱歌儿	挨个儿	打嗝儿	饭盒儿	在这儿	
碎步儿	没谱儿	媳妇儿	梨核儿	泪珠儿	有数儿	
果冻儿	门洞儿	胡同儿	抽空儿	酒盅儿	小葱儿	
小熊儿	红包儿	灯泡儿	半道儿	手套儿	跳高儿	
叫好儿	口罩儿	绝招儿	口哨儿	蜜枣儿	鱼漂儿	
火苗儿	跑调儿	面条儿	豆角儿	开窍儿	衣兜儿	
老头儿	年头儿	小偷儿	门口儿	纽扣儿	线轴儿	
小丑儿	加油儿	顶牛儿	抓阄儿	棉球儿	火锅儿	
做活儿	大伙儿	邮戳儿	小说儿	被窝儿	耳膜儿	

三、绕口令练习

有个小孩儿叫小蓝儿

有个小孩儿叫小蓝儿,口袋里装着几个小钱儿,又打醋来又买盐儿,还买了一个小饭碗儿。小饭碗儿,真好玩儿,红花绿叶镶金边儿,中间还有个小红点儿。

黄小米儿

黄小米儿,煮半盆儿。白菜叶儿,剁几根儿,还有一盘儿萝卜丝儿,再来个粉皮儿熬小鱼儿。

练字音儿

进了门儿,倒杯水儿,喝了两口运运气儿,顺手拿起小唱本儿,唱一曲儿又一曲儿,练完嗓子我练嘴皮儿。绕口令儿,练字音儿,还有单弦儿牌子曲儿,小快板儿,大鼓词儿,越说越唱我越带劲儿。

四、作业

(1) 发声练习。
(2) 儿化词语练习。

第七章 朗读与朗诵

第一节 朗读的基本要求

"说"是有声语言的最高境界,朗读得好可以称之为"说文章",歌唱得好可以称之为"说歌",戏唱得好也称之为"说戏",可见"说得好"是多么高的评价。朗读和说话之间关系密切,朗读可以增强语感,反复朗读可以提高口语的表现力。朗读与说话的各种技巧基本相同,如停顿、重音、速度、语调等。掌握一定的朗读技巧有助于提高说话能力,朗读的最终目的是"说得好"。

朗读现成的作品,用不着临时在头脑里进行构思,朗读时主要是要考虑如何把作品的思想感情充分地表达出来。而说话是表达自己的思想感情,是现想现说,词句是依据所构思的内容自然而然地吐露出来的。从会读到会说,正是体现了由易到难、由简到繁的训练过程。

一、朗读的基本要求

朗读的基本要求有以下几点:
(1) 用普通话,做到字音规范,语流音变正确。
(2) 领会作品内容,正确把握作品的思想感情,读出真情实感。
(3) 忠实于原作品,不丢字、添字或改字。
(4) 语调自然,停连恰当,重音处理正确,语速快慢得当。

二、朗读中的常见错误

在日常的朗读活动中,朗读者在语调上容易出现的毛病主要有以下两种:
(1) 带有固定的调(如念书腔、唱书调、念经式、朗诵调)。
(2) 存有某种方言语。

三、朗读训练

朗读训练可以使我们逐渐掌握汉语语法的规律,培养语感,还可以使我们的声带、发音、语气、语调、语势等得到全面的锻炼,使我们渐入声情并茂的朗读境界。

朗读训练应采用"五步法",循序渐进、由低到高、有条不紊地进行。

(1) 基础训练。选用百字左右的文章朗读。要求是发音准确,声音洪亮,吐字清楚,不添字、丢字,不读错字,按标点符号的要求进行恰当的停顿。

(2) 过渡训练。选用两三百字的文章朗读。在第一步训练的基础上,过渡到通顺流畅,且能读出陈述、疑问、感叹、祈使等几种句子的不同语气、语调。

(3) 巩固训练。选用五百字左右的文章朗读,重点练习朗读技巧,并结合听和范读巩固前两步的训练成果。要求能在前两步的基础上进一步读出长句中的停顿和句中的轻重缓急,且依据文章的思想内容,恰当而自然地带着感情去朗读。

(4) 综合练习。选用八百字左右的文章朗读。将分项训练中得到的各种技巧综合运用到朗读中去。要求语言流畅,语气连贯,具有较强的感染力。

(5) 发挥训练。选用千字以上的文章朗读。着重在感情运用上下功夫,感情表达准确丰富,声情并茂,使作品的深刻思想内容与朗读者的感情融为一体。

四、朗读练习

越剧与宋词

胡霞

有人说:唐诗是男性文学,宋词是女性文学。

说唐诗是男性文学,是因为唐诗刚劲。盛唐的政治、经济空前繁荣鼎盛,给中国男人有了尽情驰骋梦想的平台,诗歌所表现出来的意气风发、豪迈气概更是"前不见古人,后不见来者";说宋词是女性文学,是因为第一次有婉约词这样俏丽的长短句,把生活的点点滴滴、细细碎碎都描写的如同纯酿,芬芳绵长。

京剧和越剧似乎也有了相同的比较。两百多年前,徽班进京,在北京古都厚重的传统文化养育中,京剧诞生了,他如白杨,伟岸高大;一百多年前,浙江的小歌班走进大上海,在十里洋场的海派文化滋养下,越剧诞生了,她如幽兰,芬芳优雅。

我想说:京剧是男性艺术,越剧是女性艺术。

说京剧是男性艺术,是因为:首先,在表现题材上,京剧大多是"大题材",阐述爱国情怀、再现历史的重大事件、描述英雄形象,其作品大多气势磅礴,符合男性的英雄情怀和男性的审美需求;其次,京剧中所有的流派宗师都是男性,所有的行当都可以由男性演员来担任,所以说他是男性艺术。越剧则恰恰相反。首先,在题材上,越剧是"小题材",家长里短、才子佳人、爱情婚姻,其作品大多抒情温婉,符合女性对美好生活向往的情怀和女性的审美要求；其次，所有流派的宗师都是女性，所有的行当都可以由女演员来担任，所以说她是女性艺术。越剧和京剧成了风格迥异的两大戏剧支流，有着鲜明的共同点和不同点。

当然，我们说越剧是女性艺术，并不代表着她只适合女性，这只是艺术风格的某种趋向性。就如同我们说词是女性文学，并不代表男性不参与。像李煜、柳永他们和婉约词宗李清照一样成为中国文学领空里耀眼的明星，越剧领域里自然也有赵志刚、华渭强等一批观众喜爱的男性艺术家，他们的存在使得越剧艺术向着更为宽广的领域施展，而不是走向某种极端。

越剧在20世纪初走进上海，完成了从田间地头到舞台艺术的华丽蜕变，越剧艺术工作者们眼界的开拓、艺术的升华、舞台呈现的全面改革使得越剧在一代艺术大师们的努力下，化妆、服装、灯光、舞美、音乐综合发展，成长为一种唯美的舞台艺术，这当然也是越剧魅力的根源。

越剧的婉约气质还体现在她的内心情感上。中国自古以来就是个男权社会，一夫多妻的婚姻制度使得女性的生活一直处在高压之下，对于中国女性来说，结婚生子成了女性生存的模式，爱情成了情感生活中的奢侈品。可人性使然，对爱情充满幻想似乎是所有女性的共同特征，越剧恰好地满足了女性的这种心理追求：青衣婀娜多姿，恍若神妃仙子，那是所有女性幻想中的自我；女小生更是迷人，俊美而不浅薄，多情而不风流，潇洒而不霸道，儒雅而不懦弱，端庄而不刻板。中国女性心目中最为美满的爱情对象几乎都可以在越剧舞台上找到，这种不食人间烟火的俊男美女痴情恩怨的故事不知满足了多少女性的情感寄托，这似乎也是越剧吸引女观众的又一独特之处吧。

我个人对尹派情有独钟。2009年，我做客安徽人民广播电台戏曲频道，直播访谈"尹派艺术的魅力"，这次直播受到很多戏迷的关注，这期访谈节目在安徽省广电系统的访谈类节目中获奖。2010年，我再次受邀谈论"越剧的魅力"。越剧的流派众多，而尹派的唱腔委婉缠绵，如藕断丝连，如潺潺流水，又如老友促膝谈心，深情款款；行云流水的身段，玉树临风的气质，优雅的举止，飘逸的风度更是让人过目难忘……

当然，能够把尹派传承得那么好的演员也是屈指可数的，首当其冲的当属"尹门四杰"吧。看茅威涛的戏，让我知道了什么叫"塑造人物"；看赵志刚的戏，让我知道了什么叫"英俊小生"；看萧雅的戏，让我知道了什么叫"天籁之音"；看王君安的戏，让我知道了什么叫"唯美戏曲"。茅威涛的风流潇洒、赵志刚的醇厚俊美、萧雅的儒雅忠厚、王君安的优雅高贵，四杰的气质各不相同，却又一树同根、相辅相成、美不胜收。

我坚信再过一百年，仍然会有人爱看戏。

五、作业

（1）发声训练。
（2）朗读训练：普通话水平测试朗读作品60篇（见本书附录二）。

第二节　朗诵的基本常识

一、什么是朗诵？

朗，即声音的清晰、响亮；诵，即背诵。朗诵，就是用清晰、响亮的声音，结合各种语言手段来表达作品思想感情的一种语言艺术。可见，朗诵的要求比朗读要高，它要求不看作品，面对观众，除运用声音外，还要借助眼神、手势等体态语帮助表达作品的感情，引起听众共鸣。

朗诵常常伴有手势、姿态等体态语，而与朗诵者直接交流的对象是听众，他主要是通过声音把感情传达给听众，引起听众共鸣，手势、姿态等只不过是帮助表达感情的辅助性工具，不宜过多、过火。

朗诵的最终目的是达到"说得好"的高级状态。

二、朗读与朗诵的区别

1. 朗读是一种再现，朗诵是一种再创造

朗读强调的是忠实于原文，而朗诵是依托文本，结合自己的审美体验进行二次创作。朗诵允许朗诵者在忠于原文的基础上进行艺术加工，用丰富多彩的语言手段及其他声音形式，比如音乐，创造优美动人的意境和形象。因此，评价朗诵的优劣往往是看朗诵者的艺术创造是否能给人一种美的享受。因此，朗诵者的文化修养、对语言文字的感悟能力、语音运用技巧、艺术表现能力往往就成了决定朗诵水平高低的因素。

2. 朗诵文本的范围较朗读文本的范围狭窄

一般说来，抒情色彩较浓的文学作品适宜作为朗诵的文本，另外，在选择文本时还要兼顾朗诵者的性别、年龄、个性特征及音色等因素。一个文弱且音域狭窄的少女不宜选豪放的"大江东去"，一个豪情万丈、声如洪钟的关东大汉朗诵李清照的早期词作也未免显得有些扭捏作态。所以，朗诵时一定要做到"眼前有景，心中有情"，可以借助音乐等辅助手段制造一种"未有曲调先有情"的氛围。在音色、音量、语速、节律等方面也可做些适当的夸张,以渲染气氛。

三、朗诵前的准备

朗诵是朗诵者的一种再创作活动。这种再创作,不是脱离朗诵的材料去另行一套,也不是照字读音的简单活动,而是要求朗诵者通过原作的字句,用有声语言传达出原作的主要精神和艺术美感。不仅要让听众领会朗诵的内容,而且要使其在感情上受到感染。为了达到这个目的,朗诵者在朗诵前就必须做好一系列的准备工作。

(一)选择朗诵材料

朗诵是一种传情的艺术。朗诵者要很好地传情,引起听众共鸣,首先要注意材料的选择。

(二)把握作品的内容

准确地把握作品内容,透彻地理解其内在含义,是作品朗诵的重要前提和基础。固然,朗诵中各种艺术手段的运用也十分重要,但是,如果离开了准确透彻地把握内容这个前提,那么,艺术技巧就成了无源之水、无本之木,就成了一种纯粹的形式主义,也就无法做到传情,无法让听众动情了。

1. 正确、深入的理解

朗诵者想要把作品的思想感情准确地表现出来,需要透过字里行间,理解作品的内在含义。首先,要清除障碍,搞清楚文中生字、生词、成语典故、语句等的含义。其次,要把握作品的创作背景、作品的主题和情感基调,这样才能准确地理解作品,才不会把作品念得支离破碎,甚至歪曲原作的思想内容。

2. 深刻、细致的感受

有的朗诵听起来有着抑扬顿挫的语调,可就是打动不了听众。如果不是作品本身有缺陷,那就是朗诵者对作品的感受还太浅薄,没有真正走进作品,而是在那里"挤"情、"造"性。听众是敏锐的,他们不会被虚情所动,朗诵者想要唤起听众的情感共鸣,使听众与自己同喜、同悲、同呼吸,必须仔细体味作品、进入角色、进入情境。

3. 丰富、逼真的想象

在理解和感受作品的同时,往往要伴随着丰富的想象,这样才能使作品的内容在自己的心中、眼前活动起来,就好像亲眼看到、亲身经历一样。

(三)用普通话语音朗诵

要使自己的朗诵优美动听,必须使用标准的普通话进行朗诵。

四、朗诵训练

面朝大海,春暖花开
海子

从明天起,做一个幸福的人
喂马,劈柴,周游世界
从明天起,关心粮食和蔬菜
我有一所房子,面朝大海,春暖花开

从明天起,和每一个亲人通信
告诉他们我的幸福
那幸福的闪电告诉我的
我将告诉每一个人

给每一条河每一座山取一个温暖的名字
陌生人,我也为你祝福
愿你有一个灿烂的前程
愿你有情人终成眷属
愿你在尘世获得幸福
我只愿面朝大海,春暖花开

青 春
席慕蓉

所有的结局都已写好
所有的泪水也都已启程
却忽然忘了是怎么样的一个开始
在那个古老地不再回来的夏日
无论我如何地去追索
年轻的你只如云影掠过
而你微笑的面容极浅极淡
逐渐隐没在日落后的群岚
遂翻开那发黄的扉页
命运将它装订的极为拙劣
含着泪我一读再读
却不得不承认
青春是一本太仓促的书

五、作业

（1）发声训练
（2）朗诵练习：朗诵以上两首诗歌。

> **胡老师说说**
> 朗诵是文学作品的二度创作，是把平面的语音立体化，是与作者跨时空的思想碰撞和心灵沟通。我希望听到年轻的同学们将经典的文字作品朗诵出新的意境和气息，而不是用过分矫揉造作的文字去附丽那些你们内心也似懂非懂的主题。

第三节　音量与节奏

朗诵训练与提高的过程，是一个循序渐进的过程，应当由易到难、由浅入深，千万不可急于求成。忽视基本功的训练，幻想一步到位是办不到的。应先从分项训练开始，即从语音、语调、语气等的训练做起，一项一项地练，才能有所作为。

一、音量

音量是指声音的强弱、大小，它主要决定于气息和共鸣器。不少人在朗诵中把握不好自己的音量，或大或小，前者对身体消耗太大，又不利于恰当的表情达意，后者会造成听众听不清，甚至听不见的现象。因此，音量的把握也需要必要的训练。在训练的过程中要注意几点：

（1）不论在何种场合，音量都要适中，不可太大或太小。
（2）要根据听众的多少和场所的空间大小来确定自己的音量，要使在场的所有听众都能毫不费力的听清你的朗诵。如电影、电视剧台词，属于电声语言，通过麦克风等电子设备扩大声音，从而使观众听得清晰。因此，在表演时，演员的声音相对较小。而在话剧表演时，演员离观众较远，话剧演员因为不带麦克风，所以其语言属于无电声语言，要求演员能够把语言清晰地传递给最后一排观众，音量要求比较大。

（一）小音量练习

简·爱(节选)
夏洛蒂·勃朗特

您为什么对我讲这些？您和她(英格拉姆小姐)跟我有什么关系？您以为我穷，不好看，就没有感情吗？告诉你吧，如果上帝赐予我财富和美貌，我会让您难以离开我，就想我现在难以离开您。可上帝没有这样做，但我的灵魂能够同您的灵魂说话，仿佛我们都经过了坟墓，平等地站在上帝面前。

大明宫词(节选一)
郑重

武后：弘儿，你必须从此明白一个道理，对于你，一位太子，未来的圣上，你个人的需要与否并不重要，重要的是我们是否需要。我们是谁？我们是你的父皇、母后、你的朝中大臣乃至你的国家、百姓及你脚下的山河。我们目前需要你的婚姻，那它就必须是你个人的需要。我们想看到的太子，是一个男人，是一个稳重、踏实有责任感的男人，这就是你现在身份的实质。只有这样，我们才会放心，我们才会心甘情愿的任你牵引着步入前途。而婚姻，则是一个男人成人的仪式，是他真正成熟的标志。

太子：我懂了，但是对于那些被我们所忽视的，可是却又真正需要婚姻的人，母亲以为，我们是否应该成全她们呢？

武后：当然应该，一个真正需要婚姻的人，实际上追求的是幸福，而福祉是永远被成全的。

太子：好，那我就恳请母后，将禁苑中的红白莲二位公主嫁出去，她们才是真正需要婚姻的人。

武后：我以为她们已经得到了幸福，你知道我为什么让她们在那里吗？她们在为大唐抚育红白莲花，代替李唐王室为万民祈求佛国的福祉！

太子：是的，但同时她们也正在为自己母亲的错误接受惩罚，谁都知道，她们是萧淑妃和王皇后的女儿，上一辈的恩怨纠葛，不应该再延续到她们的身上，她们已经年近三十了，无辜的青春，正在被毒液般的孤寂与绝望销蚀，美丽的面庞，也正在被条条早衰的皱纹撕咬。母亲，都已经过去二十年了，您的敌人已经躺在地下，为她们的罪过遭受吞噬与腐烂，这已经是最严厉的惩罚了，我请求母亲放过我的两位姐姐，活人为死人承担罪责，是有违上天仁爱本性的。你作为一国之母，万民仰慕的神明皇后，更应该不计前嫌，赐予她们女人应得的归宿，弘儿恳请母后深思。

（二）大音量练习

除了音量的训练，还要关注音高、音质的训练，我们在前面练声部分已经着重讲过了这方面的内容，这里不再重复。但值得注意的是，音量、音高、音质是不可分割的几个部分,它们是魅力声音的重要构成部分。

我们的荆轲(节选)
莫言

燕姬:荆轲,我如果是你,就不刺死他。因为这秦王,在短期内必将灭绝诸侯,一统天下。他将成为中国历史上第一个皇帝。他还将在他的帝位上,干出许多轰轰烈烈的事迹。他很可能要统一天下的文字,焚烧那些无用的杂书。他很可能要整修天下的道路,统一天下的车距。他很可能要在列国长城的基础上,修建一条绵延万里的长城。他很可能要烧制成千上万的陶俑,在地下排列开辉煌的战阵。他很可能要去泰山封禅,派术士到海上求仙。你如果此时刺死他,这些辉煌的业绩,荒唐的壮举,都将成为泡影。按照你那位朋友高渐离的说法,"水涨船高",你的名字,既然要和他联系在一起,就应该和千古一帝的嬴政联系在一起,而不要和眼下的秦王联系在一起。你杀了眼下的秦王,他是主角,你是配角。你能杀而没杀眼下的秦王,他是配角,你是主角。既然是放债,就要争取最丰厚的利息;既然是演戏,那当然要赚取最热烈的喝彩。而且我也说过,世人总是更愿意垂青失败的英雄。先生,让秦宫里的人看到,你本来可以杀死秦王,但你为了活捉他,而没有杀死他,这次演出,就算是大获成功!

二、节奏与速度

有人说节奏就是速度,其实不然。节奏是整体的、全局的、宏观的把控,是根据作品的主题和基调所设计的,是由内容表达需要所决定的,是主观把握的。朗读中的高低、强弱、快慢、顿挫、转换等,都是由节奏来进行调整的。速度是指说话或朗读的快慢,虽然速度与节奏有很多相似之处,但是不能混为一谈。速度是指人们在紧急、激动、欢快时,说话往往较快,在平静、严肃、沉郁时,就较缓慢。一般来说,说的速度比读的速度要快一些。

节奏的类型如下:

(一) 轻快型

轻快型的基调是轻快的。

春(节选)
朱自清

盼望着,盼望着,东风来了,春天的脚步近了。

一切都像刚睡醒的样子,欣欣然张开了眼。山朗润起来了,水涨起来了,太阳的脸红起来了。

小草偷偷地从土里钻出来,嫩嫩的,绿绿的。园子里,田野里,瞧去,一大片一大片满是的。坐着,躺着,打两个滚,踢几脚球,赛几趟跑,捉几回迷藏。风轻悄悄的,草软绵绵的。

　　桃树、杏树、梨树,你不让我,我不让你,都开满了花赶趟儿。红的像火,粉的像霞,白的像雪。花里带着甜味儿,闭了眼,树上仿佛已经满是桃儿、杏儿、梨儿!花下成千成百的蜜蜂嗡嗡地闹着,大小的蝴蝶飞来飞去。野花遍地是:杂样儿,有名字的,没名字的,散在草丛里像眼睛,像星星,还眨呀眨的。

(二)凝重型

　　语势较平稳,音强而着力,基调凝重。

西里西亚的纺织工人

海涅

忧郁的眼里没有眼泪,
他们坐在织机旁,咬牙切齿:
德意志,我们在织你的尸布,
我们织进去三重的诅咒——
我们织,我们织!

一重诅咒给那个上帝,
饥寒交迫时我们向他求祈;
我们希望和期待都是徒然,
他对我们只是愚弄和欺骗——
我们织,我们织!

一重诅咒给阔人们的国王,
我们的苦难不能感动他的心肠,
他榨取我们的最后一个钱币,
还把我们象狗一样枪毙——
我们织,我们织!

一重诅咒给虚假的祖国,
这里只繁荣着耻辱和罪恶,
这里花朵未开就遭到摧折,
腐尸和粪土养着蛆虫生活——
我们织,我们织!

梭子在飞,织机在响,
我们织布,日夜匆忙——
老德意志,我们在织你的尸布,
我们织进去三重的诅咒
我们织,我们织!

(三) 低沉型

低沉型的语势下落,句尾落点沉重,音节多、长,音色偏暗,基调沉重缓慢。

一月的哀思——献给敬爱的周总理(节选)
李瑛

> 报纸,披着黑纱,
> 电波,浸着泪滴;
> 每盏灯,都象红肿的眼睛,
> 每颗心,都在哀悼伟大的战士:
> 回来吧,总理,
> 我们敬爱的周总理!
> 人民,怎能没有你!
> 革命,怎能没有你!
> 且忍住裂心的剧痛,
> 一任那泪眼迷离。
> 我要做一只小小的花圈,
> 献给敬爱的周总理。
> 但是,该把它放在何处?

(四) 高亢型

高亢型的语势多为起潮型,层层相连,势不可挡。基调高昂、爽朗。

白杨礼赞(节选)
矛盾

它没有婆娑的姿态,没有屈曲盘旋的虬枝,也许你要说它不美丽,——如果美是专指"婆娑"或"横斜逸出"之类而言,那么,白杨树算不得树中的好女子;但是它却是伟岸,正直,朴质,严肃,也不缺乏温和,更不用提它的坚强不屈与挺拔,它是树中的伟丈夫!当你在积雪初融的高原上走过,看见平坦的大地上傲然挺立这么一株或一排白杨树,难道你就只觉得树只是树,难道你就不想到它的朴质,严肃,坚强不屈,至少也象征了北方的农民;难道你竟一点也不联想到,在敌后的广大土地上,到处有坚强不屈,就像这白杨树一样傲然挺立的守卫他们家乡的哨兵!难道你又不更远一点想到这样枝枝叶叶靠紧团结,力求上进的白杨树,宛然象征了今天在华北平原纵横决荡用血写出新中国历史的那种精神和意志。

(五) 舒缓型

舒缓型的语势多扬少抑,气长而声清,基调舒展。

秋色赋(节选)
峻青

哦！好一派迷人的秋色啊！

我喜欢这绚丽灿烂的秋色，因为它表示着成熟、昌盛和繁荣，也意味着愉快、欢乐和富强。

啊，多么使人心醉的绚丽灿烂的秋色，多么令人兴奋的欣欣向荣的景象啊！在这里，我们根本看不到欧阳修所描写的那种"其色惨淡，烟霏云敛……其意萧条，山川寂寥"的凄凉景色，更看不到那种"渥然丹者为槁木，黟然黑者为星星"的悲秋情绪。

看到的只是万紫千红的丰收景色和奋发蓬勃的繁荣气象。因为在这里，秋天不是人生易老的象征，而是繁荣昌盛的标志。写到这里，我忽然明白了为什么欧阳修把秋天描写得那么肃杀悲伤，因为他写的不只是时令上的秋天，而且是那个时代，那个社会在作者思想上的反映。我可以大胆地说，如果欧阳修生活在今天的话，那他的《秋声赋》一定会是另外一种内容，另外一种色泽。

我爱秋天。

我爱我们这个时代的秋天。

朗诵的快与慢都是相对的。无论是快还是慢，都应当表述得清晰明了，以听众听得真切明白为基本出发点，要做到快而不乱、慢而不拖、快中有慢、慢中有快、快慢相间。

三、朗诵练习

钗头凤的故事

一个宋朝的园林，能够一代代传下来，到今天还依然有名，也许只有绍兴的沈园了。沈园的出名是由一曲爱情悲剧引起的，诗人陆游和表妹唐婉在园壁上题写的两阕《钗头凤》是其中的热点。陆游也许是宋朝最好的一位诗人，但肯定不是一位值得唐婉为之而死的人。表妹唐婉是在一个秋天抑郁而逝的，自从这个春天在沈园与陆游不期而遇后，病榻上的唐婉就一直在低吟那阕传唱很久的伤感的宋词。这是南宋的春天，一枝梅花落在了诗人的眼里，年迈的陆游再次踏进沈园，在斑驳的园壁前，他看到了自己四十八年前题写的那阕旧词：

红酥手，黄滕酒，满城春色宫墙柳。东风恶，欢情薄。一怀愁绪，几年离索。错，错，错！

春如旧，人空瘦，泪痕红浥鲛绡透。桃花落，闲池阁。山盟虽在，锦书难托。莫，莫，莫！

陆游二十岁时初娶表妹唐琬，两人诗书唱和、绣花扑蝶，就像旧小说中才子佳人的典型故事，可惜这样的日子太短了。唐婉只记得有一天婆婆对她说："你们两个太相爱了，这会荒废儿子的学业，妨碍功名的。"唐婉至死都没有想通，相爱也会是一种罪孽,不过她更没想通的是,那个据说是大风雨之夜出生在淮河一条船上的诗人,后来又横戈跃马、抗击金兵的表哥,竟然违不了父母之命,在一纸休书上签下了大名。

陆游四十八年后重游沈园,发现园壁间一阕退色的旧词也叫钗头凤,这是唐婉的词迹:

世情薄,人情恶,雨送黄昏花易落。晓风干,泪痕残。欲笺心事,独语斜阑。难,难,难!

人成各,今非昨,病魂常似秋千索。角声寒,夜阑珊。怕人寻问,咽泪装欢。瞒,瞒,瞒!

这是南宋的春天,一枝梅花斜在了诗人的眼里,隔着梅花,陆游没能握住风中的那双红酥手……

李清照
胡霞

在中国古代文学史上,李清照是最光彩夺目的女性之一,被后人尊称为婉约词宗。李清照出身名门,她的少年生活是愉快、幸福的,《如梦令》生动地再现了当时的情景:

常记溪亭日暮,沉醉不知归路。兴尽晚回舟,误入藕花深处,争渡,争渡,惊起一滩鸥鹭。

李清照与赵明诚门当户对、志趣相投,在《减字木兰花》中,我们看到了新婚燕尔的李清照的幸福生活:

卖花担上,买得一枝春欲放。泪染轻匀,犹带彤霞晓露痕。怕郎猜到,奴面不如花面好。云鬓斜簪,徒要教郎比并看。

面对渐渐逝去的青春,李清照也伤感、无奈,《如梦令》非常委婉的道出了这种感叹:

昨夜雨疏风骤,浓睡不消残酒。试问卷帘人,却道海棠依旧。知否?知否?应是绿肥红瘦。

李清照的一生经历了国破、家亡、财散、流落他乡,但这都没能打倒她,李清照把一生的情感寄托在她的诗词里。对国家的爱,对英雄的赞美使她像一位豪放诗人那样仰天长歌:

生当作人杰,死亦为鬼雄,至今思项羽,不肯过江东。

李清照在战乱中带着浩浩荡荡的车队,追随朝廷,她要将与赵明诚一起收集的文物、国宝捐献给国家。异地他乡,孤独的李清照艰难的生活着,一曲《声声慢》道出了她凄凉的生活状况:

寻寻觅觅,冷冷清清,凄凄惨惨戚戚。乍暖还寒时候,最难将息。三杯两盏淡酒,怎敌他、晚来风急?雁过也,正伤心,却是旧时相识。

满地黄花堆积。憔悴损,如今有谁堪摘?守着窗儿,独自怎生得黑?梧桐更兼细雨,到黄昏、点点滴滴。这次第,怎一个愁字了得!

李清照性格爽直,柔中有刚,即使面对艰难也不屈服,一曲《渔家傲》寄托了她的梦想:

天接云涛连晓雾,星河欲转千帆舞;仿佛梦魂归帝所,闻天语,殷勤问我归何处。

我报路长嗟日暮,学诗谩有惊人句;九万里风鹏正举,风休住,蓬舟吹取三山去。

四、作业

(1) 发声训练。
(2) 朗诵《钗头凤的故事》。
(3) 朗诵《李清照》。

第四节 停顿、重音、语流、语调

一、停顿

停顿是指语言行进中的间歇,这既是生理上换气的需要,也是表达意思的需要。停顿可分为换气停顿、语法停顿、逻辑停顿、心理停顿等,根据表情达意的需要而定。说话时的停顿还须视对象、环境做些调整。在语言的行进中,为了给人以思考、领悟的时间,说话比朗读的间歇一般要短一些,次数要多一些。

1. 换气停顿

由于换气的需要,在表达过程中必然要有停顿,这种停顿即换气停顿。
练习:
7月28日,国家主席习近平同志在北京人民大会堂集体会见∨来华出席第七次金砖国家安全事务高级代表会议的∨俄罗斯联邦安全会议秘书帕特鲁舍夫、南非国家安全部长马洛博、印度国家安全顾问多瓦尔、巴西总统府机构安全办公室主任埃切戈延。

2. 语法停顿

语法停顿是根据句子的语法结构所作的停顿。这种停顿,一般根据标点符号进行长短不一的停顿,凡有标点符号的地方都应有适当的停顿,停顿时间大体是:句号＞分号＞冒号＞逗号＞顿号。至于省略号、破折号、感叹号、问号等,要根据其使用的地方和表情达意的具体情况来确定停顿时间的长短。另外,章节停顿时间

＞段落停顿时间＞句群停顿时间＞句子停顿时间。

3. 逻辑停顿

逻辑停顿,是指在朗诵过程中,有时为了表达某种感情,强调某一观点或概念,突出某一事物或现象,在句中没有标点符号的地方作适当的停顿,它不同于前两种停顿,逻辑停顿的最小单位常常是一个词。

练习:

(1) 你有一个伟大的名字,那∨就是中国,那∨就是中国啊,我的祖国,我深深爱恋的∨祖国。

(2) 我非常赞同∨在孩子还很小的时候∨就让他们朗读古诗词,注意是"朗读",而不是背。

(3) 我想∨和你一起∨去看日出。

4. 心理停顿

心理停顿又称感情停顿,它没有固定的模式,既可以在句子开头停顿,也可以在句子中间或结尾停顿。唤气停顿、语法停顿和逻辑停顿的时间都较短,通常最长也只能是几秒钟,而心理停顿可短可长,短则几秒,长则几十秒,甚至几分钟,可由表达者根据所表达的内容或情感的需要,自行设计和掌握,运用得好,可以产生很强的艺术效果。

练习:

(1) 无缘的你啊,不是来得太早∨就是∨太迟。

(2) 世情薄,人情恶,雨送黄昏∨花∨易落。

二、重音

重音是指根据表情达意的需要,有意加重某个或某些词的音量与力度。人们说话时,往往把主要的意思加重语气来表达,以引起听众的注意,重读的部分就是一句话里的中心和主体。所以重音问题实际上是词或词组在句子里的主次关系问题。

把重音问题和词或词组的轻重格式混为一谈是不正确的。词语的轻重格式是音节与音节之间的关系,而重音是句子的主次关系。每一句话都不是孤立的,在句群或文章中,我们要联系语句之间的关系,恰当地分析理解,只有明白了语言的意义,才能够真正地找准句子的重音所在。重音在句子中的强度和呈现方式也是灵活多样的,绝不仅仅是"加重声音"那么简单,不同的处理,会造成不同的语义,甚至会产生误会。例如《小猫钓鱼》的故事:

小猫说:"真气人,我怎么一条小鱼也钓不着?"猫妈妈说:"钓鱼要一心一意,不能三心二意。"

于是,小猫开始一心一意地钓鱼。蜻蜓飞来了,蝴蝶也飞来了,小猫就像没看见一样,一步也没走开。

不一会儿,小猫钓到了一条大鱼,高兴地喊了起来:"我钓到大鱼啦!我钓到大鱼啦!"

根据上文的意思,小猫因为"我怎么一条小鱼也钓不着?"而听了猫妈妈的话一心一意的钓鱼,最后高兴地喊起来:"我钓到大鱼啦!我钓到大鱼啦!"那么这句话的重音在哪里?很多人把重音放在了"大"字上,这就错了,因为小猫不是嫌弃鱼小,而是懊恼没钓到鱼,所以重音应该在"钓"字上,强调它钓到鱼了。

练习:

<u>竹叶</u>烧了,还有<u>竹枝</u>;<u>竹枝</u>断了,还有<u>竹鞭</u>;<u>竹鞭</u>砍了,还有深埋在地下的<u>竹根</u>。

一切都像刚睡<u>醒</u>的样子,欣欣然<u>张</u>开了眼。山<u>朗润</u>起来了,水<u>涨</u>起来了,太阳的脸<u>红</u>起来了。

春天像健壮的青年,有铁一般的<u>胳膊</u>和<u>腰脚</u>,他<u>领</u>着我们<u>上前</u>去。

三、语流

语气是体现朗诵者立场、态度、个性、情感、心境等起伏变化的语音形式,它是思想感情、词句篇章、语音形式的统一体。有了恰当的语气,才能讲出一连串声音符号,生动、正确地反映出朗诵者的本意。语气具有综合性,既包括声调、句调,还包括语势。

从语言的基本单位——句型来说,有陈述句、疑问句、感叹句、祈使句四大类。因而在朗诵时,相应有陈述语气、疑问语气、感叹语气、祈使语气。

从语句表情达意的内容来说,有表意语气、表情语气,表态语气。

(1) 表意语气。通过这种语气,向听众表达自己的某种意思。用这种语气讲话,句子中通常有相应的语气词,它或者独立成小句,或用于小句末尾,或用于整个句子的末尾。例如:

难道你不认为这是不厚道的吗?(反问)

你真的事先一点也不知道吗?(质问)

你不要一意孤行,执迷不悟啊。(提醒)

老师,晚会已经开始了,走吧。(催促)

您去的时候带上我一起去吧。(请求)

放下!否则我就报警了。(命令)

今晚吃什么?(询问)

你昨天怎么不回我电话啊?(责备)

(2) 表情语气。通过这种语气,向听众表达自己的某种情感。句子中通常也有相应的语气词。例如:

哎呀,这下子可好了。(喜悦)

这些老鼠真是坏透了。(愤恨)
我家院子里的那棵梅树死了真是太可惜了。(叹息)
这花开的真漂亮啊!(赞叹)
哦!我终于弄明白了。(醒悟)
哼!真是个无耻的小人!(鄙视)

(3)表态语气。通过这种语气,向听众表达自己的某种态度。句子中有时也用语气词。例如:
他确实尽了最大的努力。(肯定)
这件事恐怕难以办到。(不肯定)
我不希望看到那样的结果。(委婉)
你认为这样做行吗?(商量)
这种意见是错误的。(否定)

四、语调

语调是指语气声调高低升降的变化,是语音、语气、速度、节奏的和谐统一,它好比乐曲的旋律一样,体现出语言的完美性。说话的人对所说事物的感受不同、态度不同或者意图不同,都会引起语调的变化。一个人说话的语气有了这样的升降变化就能细致地表达不同的思想感情。

语调的升降,往往能表达出多种多样的语意。同一语句,语调不同,语义也不相同。例如:
这是一百万元。(一手交钱,一手交货,司空见惯)
这是一百万元!(强调金额很大)
这是一百万元?(怀疑,不相信有这么多)
这是一百万元?(惊讶,怎么这么多)
这是一百万元?(喜悦,为一下子有这么多钱而高兴)
这是一百万元!(后悔,不该错过赚大钱的机会)

五、朗诵练习

沈园听雨

丁天毅

江南的梅雨时日,绵绵的雨丝像扯不完的银线,淅淅沥沥从早到晚下个不停。就在这潮湿的雨季,我游览了雨中的沈园。

沈园的雨一直在下,细软细软地飘洒着。偌大的园内,看不到什么游人。远处,淡淡的古乐随雨飘来,悠悠扬扬,使人仿佛置身于梦幻的世界,几分冰凉的忧思、几分潮湿的惆怅!

沈园,你可曾有过如此的这份闲暇和从容?

沿着雨丝轻轻点击的卵石小径,拾阶而上,站在孤鹤轩内放眼烟雨蒙蒙的整个沈家花园,倾听雨点敲打着孤鹤轩的飞檐。猛然抬头,著名书法家钱君匋先生书写的对联映入眼帘,"宫墙柳,一片柔情,付与东风飞白絮;六曲栏,几多绮思,频抛细雨送黄昏"。我的心随着飘逝的雨韵陡然下沉:陆游!唐琬!在你们脚下展开的曾是一段怎样的路程?

那次相逢是否也是在这绵绵的雨中?

那漫天的雨丝淋碎了你们久远久远的梦,无期的滴答飘啊飘,声声送走了你们驰骋的眷恋,送得很远,很远……于是,心便如同这雨中的冷翠亭,在潮湿中呻吟着!"世事多艰,空蒙战马嘶风梦;欢缘难续,长忆惊屿照影时"。

温一壶黄滕酒,千万别,别烧焦了往日季节的故事。举起的杯盏是湿的,垂落的孤独是湿的,轻轻吟颂的诗句是湿的,湿了千百年的沈园!沈园的雨,是你们千百年的泪涌啊,洒不完,飘不尽!

"城上斜阳画角哀,沈园非复旧池台,伤心桥下春波绿,曾是惊鸿照影来。"往日的沈园也有无雨的时日,阳光如泻金,袅袅烟霞无声地飘洒,那是陆游和唐琬在葫芦池边梦圆的日子,那是他们真正踏寻彼此真谛的日子,那是他们摇晃诗词的日子。

一行行,醉晕了沈园的亭、台、楼、阁。

一阕阕,醉倒了沈园的桃、梅、柳、竹。

一首首,醉得沈园天昏地暗……

于是,沈园的雨绵绵无期,痴迷地下着,长长又长长。听,那千百年前的喃喃细雨,仿佛在这雨声中抖落,在翠绿的荷叶上滴答成晶莹的泪珠,不停地滴呀,滴呀……那是陆游的泪!那是唐琬的泪!

"红酥手,黄滕酒,满城春色宫墙柳。"……沈园的雨一直下着。

"世情薄,人情恶,雨送黄昏花易落。"……沈园的雨还在下。

走出沈园,我在雨中,雨中的我,飘飘摇摇。陆游的诗句也随着雨的节奏在我的脑海中萦绕:"沈家园里花如锦,半是当年识放翁。也信美人终作土,不堪幽梦太匆匆。"

沈园的雨,湿润了我的眼睛……

六、作业

(1) 发声训练。

(2) 朗诵《鹊桥仙》。

鹊桥仙
秦观

纤云弄巧,飞星传恨,银汉迢迢暗度。
金风玉露一相逢,便胜却人间无数。
柔情似水,佳期如梦,忍顾鹊桥归路。
两情若是久长时,又岂在朝朝暮暮。

胡老师说说

我非常赞同在孩子还很小的时候就让他们朗读古诗词,注意是"朗读",而不是"念经"。很多孩子把"朗读"变成了"唱经文",这样不仅体会不了诗词的美感,还会让孩子厌倦。在儿童阶段,孩子们可能理解不了古诗词的含义,但是字里行间的行文却会在他的潜意识中留下影响其一生的印象。

语言是思维和情感的载体,朗读能够为我们挖掘出更多的情感,使我们的感情更加感性而细腻。朗读,让生活更美好!

第八章　演　　讲

第一节　演讲前的准备

说到演讲,很多人立刻就想到站在舞台上,背着写好的稿子,面对观众,在那里表演。这种演讲就是我们常说的脱稿演讲,我认为这只是演讲的初级形态,也是成为一个出色的演讲家必不可少的基础训练。

纵观演讲,它不仅包括脱稿演讲,还包括即兴演讲、辩论、说服、讲课、答辩、推销、回访等口语活动,更多时候它会出现在我们的工作生活当中,比如陈述、谈判、上下级的沟通等一切需要说话的场合,简而言之,说话就是演讲。

一、我们为什么要演讲?

我们为什么要演讲?我们需要通过演讲达成怎样的目标?我们如何讲得让别人能接受?每次演讲之前弄清楚这三个问题,我们就清楚演讲稿该怎么写了。我们演讲的目的就是告诉别人我的观点,在演讲中用事例证明我的观点是正确的,并以此鼓动人们的情绪,让他们认为和我们建立某种联系是睿智的。所以,我们需要通过演讲来表达自己的观念,传递我们的思想、感受、情绪,通过演讲来与大众沟通并获得大众的信任。

我们还可以通过演讲来塑造个人的影响力。政治家的影响力可以获得民众的支持和信任;商人的影响力可以获得合同订单;艺术家的影响力可以使作品更有魅力。每个人的影响力都在成就自己的人生价值,我们通过演讲让别人了解我们、信任我们、支持我们,这才是演讲的意义所在。

二、我们怎样准备演讲?

演讲的形式是多样的,但我依然认为参加演讲比赛是培养演讲能力的最基础的方式。接下来,我们就这样一种基础方式来谈谈该如何准备吧。

1. 带着我们为什么要演讲的问题,认真思考

如果是参加演讲比赛,首先要仔细研究比赛文件。研读参赛要求,所谓"研读",就是逐字逐句地分析。有些选手很不注重比赛文件,甚至有些选手稿子准备好了却还没看过文件,这样的演讲注定是不可能成功的。

2. 研究听众

每次演讲的话题及听众是我们一定要重视的,不同的人群,其受教育的差异、职业的差异及兴趣爱好的差异都会导致他们关心的话题不一样,关心话题的角度不一样,所以要研究听众,说出他们关心的事,才能够打动他们。

3. 语言风格

我们的语言风格其实就是我们性格及文化品位的外化,一个性格腼腆的人一般不会语言犀利;一个性格豪放的人一般不会语言委婉;一个修养品位高的人一般不会语言粗俗;一个不修品性的人也很难口吐莲花;一个有宗教信仰的人说话一般不会很暴力;一个身居高位的人说话很可能会恩威并重;一个暴徒说话往往会威胁恐吓……我们的语言风格正是我们人格的写照,让自己的语言被大家接受,就是让自己的性格及文化品位被大家认可。

丰富的词汇是生动语言的前提条件,要有意识地提高我们的语言能力。

三、演讲的人格魅力

演讲的人格魅力是超越任何演讲技巧的核心所在,贯穿在所有的演讲活动中,可见其重要性。很多演讲教材和演讲辅导老师都很关注演讲的技巧,但我认为最能打动人的恰恰是一个人不经意间流露出来的最真实的情感,这是伪装不了的。当然,如果个人境界不高,演讲是不可能取得好的效果的,势必会假、大、空,其情感也会矫揉做作、不真实,也就无法感动人。好的演讲是心灵的沟通、智慧的碰撞、人格的升华。改变自己的性格缺点,好的性格所表现出来的魅力是社交活动中极其珍贵的闪光点,快乐的心情会营造出非常愉快的氛围。一个口碑很好的人,本身就具有人格魅力。

演讲比赛的举办单位不同往往决定了比赛的价值取向不同。

(1)学校、教育行政主管部门、宣传部、组织部、文明办、团委这些部门主办的演讲比赛大多是为宣传党的方针政策服务的,这些演讲的宗旨是为社会的进步摇旗呐喊,其教育意义重大。我们在这些演讲活动中要体现出大局意识和高尚的情怀,以宣传正能量为主,故事案例的选择要积极、健康、阳光、向上,引导人们追求更加高尚的境界。在这一类演讲中,个人正气非常重要,这是需要培养的。我们平时要养成关心国家大事、热爱祖国、关爱他人的好品格,这些高尚的品质会在不经意之间流露出来,使演讲更具有吸引力。

(2)工会、妇联、文明办、关工委等单位组织的演讲比赛往往和家庭美德、社会和谐、文明建设、个人修养等话题相关。这类比赛以促进人们相互关爱、增进友谊、提升个人修养为宗旨,有很重要的社会意义。我们在这些演讲活动中要体现正义、仁爱、善良、慈悲的心怀,故事案例的选择要感人。这一类演讲需要个人具备善良的品质,善良而不懦弱,智慧而不固执,眼界开阔,境界高远,这将会使个人极具亲和力,使演讲更加具有感染力。

行政事业单位、企业、行业协会、局机关等单位举办的演讲大多与爱岗敬业、职业道德、工匠精神有关,需要体现崇高的职业精神。我们在这一类演讲活动中要体现敬业奉献的精神、社会责任感和正其义不谋私利的高尚境界,从而使演讲具有促进人的责任感和使命感的作用。我们的演讲也会因此具有极高的凝聚力。

因此,在演讲比赛中,可以非常突出地显现一个人的人格魅力。

四、作业

朗读以下演讲稿:
(1)《在阵亡将士葬礼上的演说》(伯里克利)。
(2)《与人民同在》(狄摩西尼)。
(3)《在〈人民报〉创刊纪念会上的演说》(卡尔·马克思)。

第二节 演讲的礼仪

荀子说:"礼,所以正身也;师,所以正礼也。人无礼则不生,事无礼则不成,国家无礼则不宁。"无论你有多么好的口才,哪怕是口若悬河,如果不尊重社会约定俗成的礼仪规范,你就不可能成为受欢迎的人。因此,在演讲的过程中要注意一些礼仪。

一、形象管理

一个成功人士有三方面的资源:一是体力资源;二是智力资源;三是形象资源。前两者大家都知道,只有形象资源往往不容易被察觉,也不容易引起人们的重视,从而很容易成为个人资源的一大缺口。

形象不只是颜值的问题和服饰好不好看的问题,它还是一个人内在文化的外在表现。我们可以通过观察一个人的言行举止、音容笑貌看到他的品格,也可以透过穿着看到他的很多信息,比如经济条件、文化程度、审美趣味、心情好坏、卫生状况等等。形象显示了一个人的身份地位,可以让人们直观地感受到这个人的个体价值,它直接关乎个人的资源总值在社会上的评估结果。

演讲者应该是什么样的形象定位呢?

在演讲的时候,着装要比你平时更加具有领导风范。很多演讲选手不知道该怎么打造自己的形象,其实还是不懂演讲在干什么。我们在引领别人改变观念,号召别人和我们保持统一步调时,当然应当具有领导能力,所以形象也应当是"领袖"形象。当一个演讲者以"领袖"的形象出现在大家视野里的时候,其演讲也就成功了一半。

二、服饰的选择

演讲时的服装选择应以正装为主。

男士可穿整套西服或者配套西服打领带,也可以穿长袖的浅色衬衫配深色西裤,深色袜子,黑色系带皮鞋,腰带以板式扣带为佳。

男士不建议穿彩色或者有花纹的衬衫、西服,不建议穿短袖衬衫或者 T 恤,不建议穿凉鞋,不建议腰带上有饰物,不建议男士佩戴饰品(手表除外)。

女士可穿整套西服裙装或裤装,也可以穿配套裙装或裤装,裙长及膝,穿肉色丝袜,黑色半高粗跟鞋;女士要适度化妆,头发梳理整齐,露出双眼,长发要做处理,或扎、或编、或挽头发,不可披散在双肩;饰品可用发卡、耳钉、胸针、长及锁骨的项链、手表等。

女士不建议穿未及膝盖的短裙、花连衣裙、透明或镂空服装以及过于时尚的服装;不建议穿细高跟鞋、凉鞋、鱼嘴鞋;不建议穿黑色丝袜、网眼袜、闪光发亮的鞋袜;不建议戴长项链等夸张的饰品。

三、情商管理

如果可以,在演讲前请尽量多地和听众有所交流,使听众熟悉你、认可你,对你有好的印象,这样在演讲的过程中更容易获得支持者。我们在演讲的过程中会遇到三个大致存在的群体:支持你的、反对你的、保持中立的。而成功的演讲就是让保持中立的群体成为支持你的群体,让反对你的人变为支持你或者是保持中立的人,这样的演讲才是成功的。

四、仪容仪态管理

(1) 上台时精神饱满,步态沉着稳健,笑容落落大方。

(2) 开口前先向观众问好,语气、语调高昂,充满激情,催人振奋。

(3) 演讲的过程中语速适中,确保观众能听懂、听清楚。

（4）演讲的过程中保持挺立的站姿，真挚的感情，表情、声音自然不造作。
（5）观众鼓掌的时候要停下来，并且以表情或身体语言表示感谢。
（6）演讲完毕要避开立式话筒，向观众表示感谢并行鞠躬礼。
（7）离开讲台时步伐果断，目光依然要和观众交流道别。

五、作业

（1）仪态训练。
（2）演讲的服饰准备。

第三节　演讲稿的创作

一、演讲稿要把握思想的正确性

演讲稿的创作首先体现的是对思想高度的认识，我们怎样看待演讲的主题是关键。我们的演讲一定要具有正能量，能够起到积极的推动作用。好的演讲呈现在我们面前时，它必定会让人振奋，让人对未来充满希望，让人在奋斗中感受到幸福，让社会的凝聚力更强，这才是演讲追求的境界。

二、演讲稿的技术处理

演讲是思想观念的输出，我们在一次演讲活动中能否取得成功的关键就是看演讲者改变了多少人的想法。把观念塞进别人的脑子里，这是世界上最难的工作，所以演讲不是一个轻松的活。演讲稿首先要观点明确，在阐述观点的时候，既要有故事的讲述，又要有适当的评论，夹叙夹议。故事要为观点服务，评论不仅要提升故事的意义，还要有思想的高度。值得注意的是，演讲的故事要言简意赅，主要起佐证观点的作用，不可以长时间地讲述故事，那会使体裁发生变化，把演讲变成了讲故事。

演讲是思想传递的活动，阐述的是个人的观点，因此演讲稿应该自己动手写，用自己的语言表达自己的观点，这样，演讲者才能由内而外，在文化思想和语势上形成一个统一的整体，使演讲更加具有说服力。通过写演讲稿，不断地修改完善，不仅是提炼语言思维的过程，也是提升语言表达能力的过程。学生参加演讲活动，不能独立完成演讲稿时，建议老师带着学生一起修改，一定要用演讲者自己的语言去表述。反之，演讲别人写的稿件，这样的演讲等于是一场表演，没有任何意义。

一般6分钟的演讲稿大约是1200字,具体稿件演讲的时间长短是根据个人语速决定的。演讲的语速不宜过慢,过慢的语速容易让人疲劳,过快的语速容易让人反应跟不上,语速中等稍快一点,往往可以形成铿锵有力的气势。

三、作业

(1) 练习演讲。

最后一次演讲
闻一多

这几天,大家晓得,在昆明出现了历史上最卑劣最无耻的事情!李先生究竟犯了什么罪,竟遭此毒手?他只不过用笔写写文章,用嘴说说话,而他所写的,所说的,都无非是一个没有失掉良心的中国人的话!大家都有一支笔,有一张嘴,有什么理由拿出来讲啊!有事实拿出来说啊!(闻先生声音激动了)为什么要打要杀,而且又不敢光明正大来打来杀,而偷偷摸摸地来暗杀!(鼓掌)这成什么话?(鼓掌)今天,这里有没有特务?你站出来!是好汉的站出来!你出来讲!凭什么要杀死李先生?(厉声,热烈地鼓掌)杀死了人,又不敢承认,还要诬蔑人,说什么"桃色事件",说什么共产党杀共产党,无耻啊!无耻啊!(热烈地鼓掌)这是某集团的无耻,恰是李先生的光荣!李先生在昆明被暗杀,是李先生留给昆明的光荣!也是昆明人的光荣!(鼓掌)

去年"一二·一"昆明青年学生为了反对内战,遭受屠杀,那算是青年的一代献出了他们最宝贵的生命!现在李先生为了争取民主和平而遭受了反动派的暗杀,我们骄傲一点说,这算是像我这样大年纪的一代,我们的老战友,献出了最宝贵的生命!这两桩事发生在昆明,这算是昆明无限的光荣!(热烈地鼓掌)

反动派暗杀李先生的消息传出以后,大家听了都悲愤痛恨。我心里想,这些无耻的东西,不知他们是怎么想法,他们的心理是什么状态,他们的心怎样长的!(捶击桌子)其实简单,他们这样疯狂地来制造恐怖,正是他们自己在慌啊!在害怕啊!所以他们制造恐怖,其实是他们自己在恐怖啊!特务们,你们想想,你们还有几天?你们完了,快完了!你们以为打伤几个,杀死几个就可以了事,就可以把人民吓倒了吗?其实广大的人民是打不尽的,杀不完的!要是这样可以的话,世界上早没有人了。

你们杀死一个李公朴,会有千百万个李公朴站起来!你们将失去千百万的人民!你们看着我们人少,没有力量?告诉你们,我们的力量大得很,强得很!看今天来的这些人都是我们的人,都是我们的力量!此外还有广大的市民!我们有这个信心:人民的力量是要胜利的,真理是永远是要胜利的,真理是永远存在的。历史上没有一个反人民的势力不被人民毁灭的!希特勒,墨索里尼,不都在人民之前倒下去了吗?翻开历史看看,你们还站得住几天!你们完了,快了!快完了!我们的光明就要出现了。我们看,光明就在我们眼前,而现在正是黎明之前那个最黑暗的时候。我们有力量打破这个黑暗,争到光明!我们光明,恰是反动派的末日!(热烈地鼓掌)

现在司徒雷登出任美驻华大使,司徒雷登是中国人民的朋友,是教育家,他生长在中国,受的美国教育。他住在中国的时间比住在美国的时间长,他就如一个中国的留学生一样,从前在北平时,也常见面。他是一位和蔼可亲的学者,是真正知道中国人民的要求的,这不是说司徒雷登有三头六臂,能替中国人民解决一切,而是说美国人民的舆论抬头,美国才有这转变。

李先生的血不会白流的!李先生赔上了这条性命,我们要换来一个代价。"一二·一"四烈士倒下了,年轻的战士们的血换来了政治协商会议的召开;现在李先生倒下了,他的血要换取政协会议的重开!(热烈地鼓掌)我们有这个信心!(鼓掌)

"一二·一"是昆明的光荣,是云南人民的光荣。云南有光荣的历史,远的如护国,这不用说了,近的如"一二·一",都属于云南人民的。我们要发扬云南光荣的历史!(听众表示接受)

反动派挑拨离间,卑鄙无耻,你们看见联大走了,学生放暑假了,便以为我们没有力量了吗?特务们!你们看见今天到会的一千多青年,又握起手来了,我们昆明的青年决不会让你们这样蛮横下去的!

反动派,你看见一个倒下去,可也看得见千百个继起的!

正义是杀不完的,因为真理永远存在!(鼓掌)

历史赋予昆明的任务是争取民主和平,我们昆明的青年必须完成这任务!

我们不怕死,我们有牺牲的精神!我们随时像李先生一样,前脚跨出大门,后脚就不准备再跨进大门!(长时间地鼓掌)

(2)演讲稿例文。

我和我的大唐梦

胡霞

如果有人问:你的梦想是什么?你一定很难立即回答。是的,九岁的时候,我对妈妈说,我多么想要一条漂亮的花裙子,妈妈说她想要一台全自动的洗衣机;十二岁时,我对爸爸说,我想到城里上中学,爸爸说他想在城里买套房;现在,我多么希望自己能走进大学校园去学习我热爱的专业,爸爸妈妈说他们想要赶紧买辆车,随时都可以到学校来看我;我还希望自己能出落的更加漂亮,希望自己才貌双全……随着年龄的长大,我的梦想也越来越大,随着梦想的实现,新的梦想又接踵而来……

梦想是希望,梦想是动力,梦想是奋斗的目标,有梦想的人活的才有精气神。

我的梦想很小,民族的梦想很大!

小时候,我经常听人说到"盛唐"。几乎全球的人对中国的美好印象都源于大唐。中国人的自豪感也似乎离不开唐朝,于是有了"唐人街""唐装""唐人"等名称。

而我也一直对唐朝怀着莫名的神秘感：那个开放的、强大的、大度的、富裕的大唐；那个诞生了李白、杜甫、白居易的大唐；那个拥有李世民、李隆基甚至可以容纳女皇武则天的大唐到底是怎样的？我不明白，唐朝的鼎盛怎么可以跨越千年，横亘在我们面前；他拥有怎样的骄傲，可以让千年后的子孙一直仰望着他？

带着这样的疑问我问老师，老师给我讲述了大唐的历史、大唐的地理、大唐的文化……

我明白了：因为大唐是中国历史上版图最大的朝代，大唐在当时是最强大和富有的，大唐是中华民族屹立于世界东方，让全球望其项背的历史见证，我们的祖先曾经是那样的辉煌！

于是，梦回大唐、再现盛唐也成了千百年来中国人的梦想。所谓大唐梦，就是再次让我们的祖国成为世界上最强大、最富有、最博大的国家，这种"大唐风貌"是中国心中的殿堂，是中国人奋斗的方向，是中国人永不磨灭的梦想！

今天，中国人民通过三十多年的努力，祖国面貌发生了巨大的变化：草房不见了，土坯房没了；取而代之的是高耸的钢筋水泥的楼房，"安得广厦千万间，大庇天下寒士俱欢颜"，杜甫的梦想我们实现了！一次又一次的飞船升空，让人们由惊叹到平静再到习以为常；嫦娥奔月不再是古典神话，祖先的梦想我们实现了！运动健儿的一次次夺冠让人们狂欢、振奋，在没有硝烟的战场我们扬了国威！SARS病毒的遏制、汶川地震的快速反应、我们给世界留下了一个又一个震撼，我们改变了贫困落后的面貌，成为世界上发展最快的国家！经济、科技、文化、体育的大发展，不仅再次证明了中国人的志气、智慧和能力，同时也空前绝后地证明了人类发展的奇迹！

于是我又想到了大唐。唐朝的繁荣使人们具备了前所未有的自豪感和自信心，整个唐朝人才辈出、社会稳定，特别是那些诗人们也按捺不住激动的心情，投笔从戎，奔赴前线，于是就有了"边塞诗派"。在这点上，今天的我们和唐人又有什么区别呢？虽然无需再赴边疆，但我们又何曾忘了我们的责任？爱国何愁无门路，一片丹心照汗青！

朋友们，让我们把美好的梦想变成现实，把强大留在今天，让世人仰视，让祖先安慰，让子孙自豪，让大唐风貌永世长存！

让爱飞翔

胡霞

尊敬的各位老师，各位来宾，大家好！

我来自一所年轻的职业中学，说她年轻，因为她建校至今不过二十多年；说她年轻，更因为她刚刚有了一个全新的校名——安徽材料工程学校。学校历史虽短，但已经成长为安徽省全国重点职业中学的领头雁；从一所名不见经传的县级职高发展成为在全省具有重要影响力的国家级重点职业中学。

安材的成长每让我想起就充满自豪和骄傲，"君子博学而日参省乎己"，作为一个志存高远的团队,我们也时时"参省乎己"——我们的成绩从何而来?那是因为我们用爱谱写了一部求真务实、勤俭自强的创业史,一部引以为自豪、勇于创新的奋进史。

师者,传道授业解惑者也!每一个安材人,不得不把自己的心掰开了、揉碎了,投入到教书育人的琐碎事务中去。校园里,既有待放的花朵,也有参天大树。安材人就是这园中辛勤的耕耘者。爱不仅是最美教师张丽莉在学生生死关头忘我的一扑,也是老师们在课间时对学生的唠叨、叮咛;爱不仅是乡村校长陈万霞像妈妈一样守护着留守儿童,也是老师们在深夜里批改作业时的一抹灯光。爱既可以是伟大的、崇高的,更可以是细微的、平凡的。如果说前者是轰轰烈烈、振聋发聩的爱,让人奋进、激昂,那么后者则是涓涓细流,缓缓的流进你我的心田。

安材人的爱,则如春夜细雨,润物无声。

这爱,是老师对学生的爱!是护犊之情,是牵挂、是关怀、是温暖、是保护。所有这一切是平凡的,每天都像日光一样静静地流过,不会引起更多的关注。但是,正是这样平凡而又持久的关爱,让我们这个集体充满了家的温暖,每一个身处其中的安材人,油然升起一种亲切的归属感。就是这爱的力量,让我们的校园更加美丽、和谐。

这爱,是安材人对职业教育的爱!每年夏天招生是最艰苦的时候,教师都要走出去。那时候宁国的青山再不是曼妙的风景,而是跋涉的艰辛。一次,我们一位教师冒着38℃的高温,来到一个不通车的山村,问老乡借了一辆摩托车,不曾想车翻到山脚下,老师的脚受伤了,鞋底也脱落了,地面的热浪一阵一阵地扑过来,让人不由地感到一阵眩晕,冷汗湿透了衣服,教师忍不住吐了一地,但是他爬起来继续前行……我们的老师爬了多少山?摔了多少跤?磨破了多少鞋?那竹海知道,那山林知道,那乡村的百姓知道!

但有时,我们也有痛苦和心酸。职业教育发展之路充满了坎坷。尤其是来自少数家长的不理解更让我们感到委屈和无奈。但这并不能动摇我们,因为这职业沉甸甸的分量和神圣感让我们充满敬畏和爱,即便在最平凡的境况中,也能展示出不平凡的师者风范。

如果您有空来我们学校参观,千万别错过了每天上午八点半的晨跑。全校的学生以班级为单位,在班主任的带领下,高举班旗,沿着校园跑步。这道风景可谓壮观,而这支队伍里一定有一位瘦高的中年男子,夹杂在学生中间,他就是新上任不久的校长。

甘校长与前任校长不同之处在于他曾担任过宁国市国土局局长、建委主任、林业局局长,丰富的履历使他对于职业教育的发展有了更为广阔的视野。他爱这所学校,爱这个岗位,爱这里年轻的学子,爱安材这个朝气蓬勃的团队。学校很快出现了前所未有的活跃气氛。今年的招生首次突破计划,超额完成任务;进校的企业多了;专业教学能力加强了;学生实习的地方多了;与企业签订的合作伙伴多了;重点专业也在快速地发展壮大。

我热爱安徽材料工程学校,在这里,我奉献了我的青春、我的汗水、我的爱心;在这里,我成就了我的理想、我的信念、我的执着。

"学高为师,德高为范。"老师们,让我们携手并肩、共同努力,让爱在我们的心中飞翔!

爱国——永恒的主题
胡霞

每当人们谈到爱国,历史上众多的英雄形象会刻在我们的脑海闪现,南宋岳飞就是一个振聋发聩的名字。

怒发冲冠,

凭栏处、潇潇雨歇。

抬望眼,仰天长啸,壮怀激烈。

三十功名尘与土,

八千里路云和月。

莫等闲,白了少年头,

空悲切。

……

南宋绍兴十年,岳飞北伐连连告捷。他心头激荡着扫荡敌寇,还我河山的澎湃心潮。相传这首《满江红》便是即景抒情之作。只可惜,时势弄人,纵有千万报国之情,也难以挽回悲怆结局。

历史翻过了900年,还是这一片文明的土地,这里山河锦绣、国富民安,一片蒸蒸日上的景象。只是那一片壮怀激烈的情愫,依然激荡在华夏儿女的胸膛。中华民族五千年的文明传承已经把每一个人的生命情感和国家、民族的生息荣辱紧紧绑缚在一起。对国家、民族的爱,已然成为每一个中国人血液中不可除却的因子。

作为一名人民教师,我深知自己在传播知识的同时,还要肩负传播这种伟大情怀的使命。爱国主义是我们永恒的主题。苏武的坚贞不屈,杜甫的忧国忧民,文天祥的浩然正气,历史的长河中多少仁人志士为了民族大义,威武不屈,贫贱不移。他们的故事流芳百世,可歌可泣。他们留下的篇章,又无一不是我们丰富的精神食粮,感召我们更加澎湃的爱国之情。

"大厦如倾要栋梁,万牛回首丘山重。"

"志士幽人莫怨嗟,古来材大难为用。"

这是一个报国情怀无处施展的诗人痛心的呐喊!

国破山河在,城春草木深。

感时花溅泪,恨别鸟惊心。

我们体会到的不仅是辞章之间的怆然泪下,更有那份对国家和民族炙热的爱在冲击诗人憔悴的心灵。杜甫的诗篇之所以可以流传千年,并非仅仅辞章优美,更重要的是,这种朴实的,对国家民族的感情,正是我们优秀传统的精华,是所有中国人为之热泪盈眶的精神纽带。

天地有正气,杂然赋流形。下则为河岳,上则为日星。那是文天祥的浩然正气,是感召民族节义的伟大力量。这种正气贯穿在中华民族的每一根血脉里,世代流传。正是这种正气,让我们可以面对艰难险阻,成为不屈不挠的中国人。

历史行进到了21世纪。恩格斯曾说:"每个社会集团都有他自己的荣辱观。"那么,我们的荣辱观是什么?爱祖国、爱人民、崇尚科学、辛勤劳动、团结互助、诚实守信、遵纪守法、艰苦奋斗,就是我们新时代的正气歌。

国家兴亡,匹夫有责。新时代的荣辱观向我们提出了要求,既要做力行者,也要作布道者。面对青少年朋友,人民教师更应当担负起宣扬新时代荣辱观的责任。所谓师者,传道、授业、解惑者也。爱国主义当然也是新形势下需要传扬的"道"。我们不会丢弃良好的道德传承,那是中华文化之宝,是中华社稷之基,是民族精神之魂;但在新时期只有树立社会主义荣辱观,加强爱国主义教育,才能使得青少年朋友深刻体会到,怎样才能成为一个对国家、对民族/对社会有贡献的人,"不知荣辱乃不能成人",是非、善恶、美丑、荣辱的界限,青少年的使命,青少年对国家强盛和民族复兴所肩负的责任都应当贯穿于教育的全过程。"少年智则国智,少年富则国富,少年强则国强,少年独立则国独立",青少年的荣辱观和爱国主义教育,凝聚着全民族的希望,还有什么比这一点更重要和紧迫呢?

改革开放大潮中的中国,无处不焕发着青春的蓬勃力量。古老的中华大地涌动着激情和豪迈。我们无需像古人那样慨叹国家命途多舛,山川破碎,我们的爱国激情完全可以从正面得到尽情的抒发,那是一种洋溢着自信和希望的情感,是一种千百年来不曾有过的意气风发。无论是莘莘学子眼神中荡漾的对前途的无限畅想,还是运动场上健儿们挥洒的如雨汗水,中国人的自信不再是伤春悲秋似的感发,而是如大海一样广阔,像青藏高原一般无垠。新时期,我们无需像革命前辈那样在战火中表达对国家和民族的满腔热情,因为有更艰巨的任务和更宏伟的目标等待着我们去实践,这是炎黄子孙对祖先的承诺,是中华民族重新屹立世界东方的豪迈壮举,无论是三峡大坝上轰鸣的长江巨浪,还是上九霄云天试揽月的神舟飞船,中国人的爱国之笔已经描绘出更加气势恢宏的画卷,那是激荡在我们心中永不磨灭的希望和梦想。

江山如此多娇,
引无数英雄竞折腰。
惜秦皇汉武,略输文采;
唐宗宋祖,稍逊风骚。
一代天骄,成吉思汗,只识弯弓射大雕。
俱往矣,数风流人物,还看今朝。

(3) 写一段1000字左右的演讲稿,并且背熟试讲。

第四节 即兴演讲

一、即兴演讲的特征

即兴演讲就是临场有感而发的演讲,是演讲者被眼前的景、物、人、事所触动而激发兴致所做的一种临时性的演讲,是一种不凭借文字材料进行表情达意的口语交际活动。

即兴演讲的特点是时间简短、针对性强、语言精练、层次清晰。1～3分钟即可,不需要说得太多,精辟、智慧、幽默是最受欢迎的即兴演讲风格。

当今社会,人际交往范围日益扩大,当众说话的场合越来越多,即兴演讲就是高层次的当众说话。这种能力是现代人必备的一项口语素质。

二、即兴演讲的训练

如果你认为"即兴演讲"就是"即兴"的演讲,那就大错特错了。"即兴演讲"是一种小型的演讲活动,往往是就当下发生的问题或者是遇到的场景发表的演说。"即兴演讲"具有很强的时效性、现场性、随机性,但并不是不做准备。它的准备方式有两种,一种是平时有意识的积累;另一种是现场的语言组织,两者相辅相成,缺一不可。要想做好即兴演讲,平时要做个有心人,养成把自己所见所想所感说出来的习惯,并反复演讲、反复修改,润色和锤炼语言,把这些精彩的片段记录下来,经常翻看,牢记在心,变成片段素材。大量的片段素材积累能为自己在出口成章的表达上做好充分准备。需要即兴演讲的时候,要积极调动脑存的信息,迅速组织语言,一般即兴演讲准备的时间很短,往往只有几分钟,如果我们储存的信息片段多,那么语言组织起来就会很轻松。

有很多人在"即兴演讲"时喜欢用一些固定的模式,比如"过去+现在+未来"式,以为这样很方便,套用公式就行。我不赞成以这种模式,因为公式是在大众模式上总结出来的,大众的方式缺乏新颖度,这样的演讲怎能够吸引人呢?所以,一旦套用所谓的公式,演讲就会变得毫无特色和亮点可言。

由于"即兴演讲"是一种临时性的演讲,往往针对一个问题进行思想交流,其形式是多样的,可以慷慨激昂,也可以娓娓道来,可以风趣幽默,还可以把观点放进一个小故事里,含蓄委婉表达。但不管是哪种形式,"即兴演讲"对演讲综合能力的要求都非常高。

为了达到理想的即兴演讲效果,首先我们需要对自己的演讲进行严格的训练。

1. 由少到多、循序渐进

（1）多听演讲家的演讲，了解演讲的不同风格。

（2）多读经典的演讲稿，试着大声演讲，要做到说服自己、感动自己。

（3）多思考、多聆听，开阔视野。

（4）多记笔记，把心得写下来，组织好语言，再大声讲出来，讲给不同的人听，收集反馈意见，再反复修改。

2. 片断演讲训练

把一个问题说清楚，理清思路，分层次阐述。养成精心筛选词语，调整语气，力求片断完美的习惯，并把最终定稿的片断牢记在心。片段演讲是夯实演讲基础的重要手段。

3. 命题演讲训练

命题演讲目标明确，这是一种直奔主题的演讲，确保演讲始终不偏不离。拿到题目，进行一周的准备，写出演讲稿，反复修改后定稿。要求一气呵成、语言流畅、语调自然、声情并茂、生动感人。

4. 脱稿演讲训练

把命题演讲稿背熟，精心地准备和排练，最后站在讲台上讲出来，这个过程就是脱稿演讲，是所有演讲形式中最简单的一种，也是演讲必不可少的基本功。

5. 即兴演讲的训练方法

（1）设计话题，3分钟的准备时间，1分钟的演讲时间；要求有始有终、逻辑缜密、语言流畅。

（2）设计话题，3分钟的准备时间，3分钟的演讲时间；要求语言流畅、重点突出、感情饱满。

（3）设计话题，3分钟的准备时间，5分钟的演讲时间；要求语言流畅、层次清晰、重点突出、激情飞扬。

即兴演讲在准备的时候，首先要整理出说话的大纲，以条目状记在脑子里。每一条要讲些什么，要用重点词语表达，把重点词语连成线。每一条都要精心组织好第一句话和最后一句话。

即兴演讲要把开场和结尾准备好，条目清晰，重点词语明确，其结构差不多就已经完成了，然后再试讲两三遍，把衔接不够好的地方用心地斟酌一番，这个演讲基本就成型了。演讲时反对假、大、空，提倡真、精、实。

关于即兴演讲的锻炼，普通话测试中的30个话题（见本书附录三）是非常理想的话题，每个话题我们都给予了适当的提示，希望大家多练、多说。

三、作业

即兴演讲训练。

第九章 讲故事

第一节 故事稿的创作

一、讲故事的意义

最近几年各地讲故事的活动蓬勃开展,特别是很多好人好事都会采用讲故事的形式来完成,它比演讲更接地气,更能够直观地将要宣扬的品德修养体现出来。其形式也比演讲更活泼,可以配乐、添加视频背景、伴舞、进行情景设置等等,更能够轻松的吸引观众的注意力,避免了说教式的枯燥,这是多媒体时代带来的更具有表现空间的艺术形式。因此,讲故事比赛是近些年各级宣传部门更乐意采用的活动方式。

二、故事稿的形式和语言特点

(一)故事稿的形式

故事稿在写作的过程中,侧重于讲述故事的过程,作者所有的思想感情包括想表达的境界都是通过故事来呈现的。在稿件的写作中,详细描写故事的环境、背景、人物语言,一切为渲染故事的主题服务。人物类的故事不要对人物的精神境界拔高评论,不赞扬或批评,一切都由听众自己判断。在这一点上讲故事和演讲不同,所以,写故事稿要注意不要有作者的话外音,否则也会引起体裁变化,变成了演讲稿。

我们来分析一篇例文《誓与青山共白头》,这是一篇讲述道德模范的故事稿。这一类的故事极容易出现的问题是歌颂人物,把人物形象拔高,把故事讲得很假,人物形象过于模式化,这样的故事是很难打动人的。

这篇故事讲述了叶巧荣老师一个人在深山的一所小学,坚持了35年教学的感人事迹。作品的第一、二自然段首先介绍了叶巧荣老师的工作环境,虽没有一句评论,但是环境的恶劣在语言之间流露出来。从第三自然段到第十自然段介绍了叶巧荣老师的工作情况,讲述了"家访""做饭""建校"三个故事和叶老师的一些语言,把主人翁的奉献精神烘托出来。第十一自然段用了三个疑问句启发听众思考。第十二自然段客观地介绍了叶老师的成绩和荣誉,结尾再次描述大自然的美,呈现给大家的是山村小学的画面美。全篇没有歌颂,没有定调子,叶老师的形象完全是靠故事情节的发展和朴实的语言呈现出来的。

誓与青山共白头
——讲述"安徽好人"叶巧荣的故事

胡霞

① 朋友,你到过云梯吗？那青色的山峦,蜿蜒连绵,溪流、瀑布点缀其间,在游人眼里好一派江南山水。而这山水美景在当地的村民眼里,却是屏障、是闭塞、是艰难。"出门靠走,看门靠狗,说话靠吼"是当地的生活写照。

② 云梯畲族乡毛坦村地处天目山北麓,全村有两百多户人家,四散分布在大山深处。由于山高路险,出行困难,毛坦教学点成了当地唯一的学校。

③ 35年前,18岁的叶巧荣怀着对家乡的热爱回乡教书,从此就再没离开这个讲台。

④ "在没有实行义务教育时,最困难的是劝学和催费。"叶老师说。

⑤ 1990年5月的一天,吃过晚饭,叶巧荣来到学生叶茂发的家,希望动员他继续求学。任凭叶老师苦口婆心地劝,家长就是不松口,过了好一会他们才说:"天黑了,你早点回去吧。"

⑥ 叶巧荣老师举着火把沿着山道往回赶,没多久夜风把火把吹熄了,她只好深一脚浅一脚在黑夜里摸索。突然山上又下起了大雨,本来就看不见的山路更难走了,脚底一滑,叶老师顺着山坡滚了下去,她紧紧抓住身边的杂草,好容易稳住了自己,一道电闪,她看到自己跌倒在半山腰上,上下无路可走,她试着站起来,可是手上、腿上、背上到处火辣辣的疼,她再也控制不了心中的委屈,趴在地上放声大哭起来。为了劝学,她每年在这方圆十多里的山上不知要走多少路。想想家里,婆婆带着两个年幼的孙子;公公病了;丈夫与自己大吵了一架……原计划明天让公公去看病,可是,她摔倒在这荒无人烟的地方……她越想越难过:我为什么要待在这深山沟里？为什么要奔波在这山路上？家人不理解,家长也不理解,我为什么要这么委屈自己？大雨无情的下着,冰冷的雨水冲刷着她,大风和暴雨扫打竹叶发出的呜呜声如鬼哭狼嚎,使黢黑的夜更加恐怖;远处隐约的鸣叫声更是令人毛骨悚然,大山的夜晚是非常危险的,她突然止住了哭声,缩了缩身体,看了看什么也看不起的四周,狼、野猪、蛇可能就在身边……委屈、内疚、恐惧一起涌上心头:"离开这鬼地方！离开这鬼地方！不能啊,这是我的家乡,我都不愿意在这干,还有谁会来？"想到这,她真想放声大哭,她要哭给这山听,哭给这树听,哭给她那遥远的梦想听!

⑦ 回到家已经是半夜了,分不清是雨水还是泪水从她脸上流下来,双手还淌

着血,一身泥一身水,即便是不理解她的家人也不忍心责备她了。

⑧ 第二天,叶巧荣又来到了叶茂发家,"叶老师,昨晚淋湿了吧?我们家这情况你也知道,我们真的读不起了,你别再来了。""先让孩子回学校吧,钱的事再说。读不起书,就意味着贫穷,贫穷就会读不起,这样下去,到哪一代才能出头啊?"叶茂发的父母终于答应了。

⑨ 在实施了义务教育以后,孩子上学的问题解决了,可是教学环境还是非常恶劣。为了帮学生们改善学习环境,叶巧荣多方奔走,2010年终于为学校争取到校安工程重建项目的十几万元,新建了校舍、操场、办公室、厨房。

⑩ 叶巧荣说,山里人大多早出晚归。她刚工作那年,班上有个学生因为妈妈离家出走,每天早上都只能饿着肚子来上课,一饿就是一天,孩子才7岁啊……叶巧荣决定给孩子们做饭。"累一点没关系,只要有我在,孩子们就不会饿肚子。"

⑪ 我看着叶巧荣老师秀丽的面庞和花白的头发,百感交集。这个五十多岁依然美丽的女子,当年怎么就选择了这所贫瘠的学校?她单薄的身躯如何坚持日复一日单调而繁忙的工作?她形影相吊,如何面对这长长的35年的孤独与寂寞?

⑫ 35年,毛坦村这间小小的校舍里走出过几十名大学生,叶巧荣曾连续多年被评为优秀共产党员、优秀教师,她还被授予"安徽省优秀乡村教师""安徽好人"等荣誉称号。

⑬ 青山碧水间,五星红旗下,一排整洁的校舍,一群可爱的孩子围着一个慈祥的身影,这便是毛坦村最美的风景。

(二) 故事稿的语言特点

故事是听觉的艺术,虽然它也可以出现在舞台上,但是它源于广播,靠音频传播,所以其特点依然是听觉艺术。这和小品的表演不一样,虽然小品也是讲故事,但是它有视觉冲击、舞台背景、演员分饰角色,这些就会给观众带来大量的信息。讲故事即使是出现在舞台上,也是一个人的语言,所以我们在创作故事稿的时候,要多方位地调动听众的听觉感知。

故事稿的语言大致有解说、独白、对白三种语言形式构成。

1. 解说

解说词在故事中的地位突出,它是重要的表现手段之一。好的解说词可以使故事脉络清晰、人物形象鲜明、详略得当、故事的冲突集中,达到引人入胜的效果。解说大致可以用在以下几个方面:介绍时间、地点、人物关系和环境解说;人物内心活动的解说;场景、故事的转换解说。

我们再拿《誓与青山共白头》作为案例来分析:第一、二自然段是环境解说,第三自然段就是人物解说,第六自然段前半段是故事发生的背景环境解说,后半段是人物内心活动的解说,故事的矛盾冲突也是靠这一大段解说来完成的;第七、第九自然段是时间的解说;第八自然段是时间、场景的转换解说;第十自然段是故事转换解说;第十四自然段是场景的转换解说。

2. 独白

独白是故事中常见的表达方式,用来展示人物的内心活动,揭示人物的思想,宣泄人物的情感,表达他们对人和事的思考和评价。

独白一般有三种形式:

(1) 人物在精神和情感上受到巨大的冲击后,发出强烈的呐喊和宣泄,如《誓与青山共白头》中的第六自然段写道:"委屈、内疚、恐惧一起涌上心头:'离开这鬼地方! 离开这鬼地方! 不能啊,这是我的家乡,我都不愿意在这干,还有谁会来?'"

(2) 人物思想在受到震动后,对问题的思考、判断,这种独白形式的交流对象往往是自己。如《誓与青山共白头》中第十一自然段的独白。

(3) 跳出故事情境,作者以第一人称的方式与观众的交流,往往是对故事人物进行评价。如《跪拜的藏羚羊》里"天下所有慈母的跪拜,包括动物在内,都是神圣的"。

3. 对白

对白是故事人物之间的对话,故事往往是通过对白这样的手段来揭示人物行动,激起冲突矛盾。

我们再来看一篇例文:

小猫钓鱼

一天早上,猫妈妈带着小猫到小河边钓鱼。

一只蜻蜓飞来了。小猫看了真喜欢,放下鱼竿就去捉蜻蜓。

蜻蜓飞走了,小猫空着手回到河边。一看,猫妈妈钓了一条大鱼。

一只蝴蝶飞来了。小猫看了真喜欢,放下鱼竿,就去捉蝴蝶。

蝴蝶飞走了。小猫空着手回到河边一看,猫妈妈又钓了一条大鱼。

小猫说:"真气人,我怎么一条小鱼也钓不着?"猫妈妈说:"钓鱼要一心一意,不能三心二意。"

于是,小猫开始一心一意地钓鱼。蜻蜓飞来了,蝴蝶也飞来了,小猫就像没见一样,一步也没走开。

不一会儿,小猫钓到了一条大鱼,高兴地喊了起来:"我钓到大鱼啦! 我钓到大鱼啦!"

这篇小故事,就是通过对白的方式来塑造人物形象的。

三、作业

练习讲《誓与青山共白头》和《小猫钓鱼》两个故事,体会故事的语言风格。

第二节 讲故事的表演艺术

讲故事的语言属于艺术语言范畴,表演性很强。故事类的语言一般有叙述语言和人物语言两部分。叙述语言要以讲述的语气为主,用声在自如声区中部,随着情绪的发展,利用虚实、明暗、强弱、高低、快慢等多种对比因素的变化,加强对内容的突出,避免语势平淡。语言要有感情,流畅自然,语速要适中,慢而不拖;要有重点,快而不赶,要让人听清楚。在缓缓的语流中引领人们到内容所设置的氛围里。人物语言要有独特风貌,要根据人物条件进行声音塑造,要懂得利用声音的弹性变化和不同的吐字发声技巧来表现。

在讲故事的过程中,如何能够达到理想的听觉效果呢?

一、有声语言的魅力

在讲故事的过程中,我们要有意识地去美化我们的声音,善用话筒是第一步。我们要根据场地的大小,用合适的音量去讲述故事,话筒不仅可以扩大声音,还可以增强细微的情绪,合理地利用话筒的传播效果,可以创造更好的听觉效果。

讲故事与演小品不同,由于缺少了表演的成分,所以对语言的要求就格外高,一切信息的输出,观众情绪的调动,现场气氛的把控,等等,都是靠语言来完成的,因此,若是想要通过讲故事把观众吸引住,口语表达能力是非常重要的。

讲故事前一定要认真分析作品,分析人物的内心活动,准确地拿捏人物的性格特征和心理变化,才能用合适的语言去表达。

二、声音形象塑造

研读并分析作品,为声音形象的塑造寻找理论依据。接下来,我们来分析作品《下金蛋的母鸡》,体会人物的内心活动,思考如何用声音表达人物性格。

下金蛋的母鸡

从前,有一对懒惰的夫妻,生活十分贫困,却整日想着不劳而获,希望天上掉馅饼下来。有一天,神奇的事情发生了,他们家的母鸡居然下了一个金蛋!

这对夫妻把金蛋拿到市集上去卖,换了一大笔钱。竟然不费吹灰之力就得到了这么一大笔钱,夫妻二人心里都喜滋滋的。就这样,他们每天都拿一个金蛋到市集上卖,不久便发了大财,买下了很多田地,又盖起了漂亮的大房子,还请了许多仆人,日子过得舒服极了。

但是他们依旧很贪心,对这一切仍然不满足。有一天,妻子对丈夫说:"既然那只母鸡每天可以下一个金蛋,那它的肚子里一定有很多很多的金蛋,说不定还藏着一个大金库呢!"

丈夫听了,十分赞同地说:"没错!我们干脆把它杀了,把所有的金蛋都取出来,这样我们就不用天天那么麻烦去捡蛋了。"

说干就干,夫妻俩兴冲冲地走向鸡窝,把母鸡杀了。但结果让他们大失所望,母鸡的肚子里根本没有什么金蛋,更别提金库了!夫妻俩非常后悔,但为时已晚,他们本来每天能有一个金蛋,现在什么都没有了。

很快,夫妻俩把所有的财产花光了,又过回了贫困的生活。他们住回了原来的破屋子,哀叹道:"要是我们珍惜原有的财富该多好啊!如果我们不杀那只下金蛋的母鸡,现在每天还能有一个金蛋呢!"

故事开头就告诉我们:"从前,有一对懒惰的夫妻,生活十分贫困,却整日想着不劳而获,希望天上掉馅饼下来。"

思考一:我们应该用怎样的声音来表现"懒惰"?

故事说:"有一天,神奇的事情发生了,他们家的母鸡居然下了一个金蛋!"

思考二:我们应该用怎样的声音来表现"神奇"?

故事继续发展:"夫妻二人心里都喜滋滋的……又盖起了漂亮的大房子,还请了许多仆人,日子过得舒服极了。"

思考三:我们应该用怎样的声音来表现"喜滋滋""舒服极了"?

故事继续发展:"但是他们依旧很贪心,对这一切仍然不满足"。

思考四:我们应该用怎样的声音来表现"贪心"?

故事继续发展:"有一天,妻子对丈夫说:'既然那只母鸡每天可以下一个金蛋,那它的肚子里一定有很多很多的金蛋,说不定还藏着一个大金库呢!'"

丈夫听了,十分赞同地说:'没错!我们干脆把它杀了,把所有的金蛋都取出来,这样我们就不用天天那么麻烦去捡蛋了。'"

思考五:丈夫和妻子谁更狠毒?

在这里就要找出人物的不同点,使声音在表现上略有区别。分析故事可以看出,妻子虽然贪婪但不是很恶毒,她不动脑子,夫唱妇随;丈夫贪婪、懒惰且凶残,当他听了妻子说怀疑有个大金库时,立即起了杀意,毫无感恩之心。接下来就是声音形象的问题,我们如何表现?

故事继续发展:"说干就干,夫妻俩兴冲冲地走向鸡窝,把母鸡杀了。但结果让他们大失所望。"

思考六:我们应该用怎样的声音表现"兴冲冲地",又如何处理"但结果"带来的转折?

故事继续发展:"哀叹道:'要是我们珍惜原有的财富该多好啊!如果我们不杀那只下金蛋的母鸡,现在每天还能有一个金蛋呢!'"

思考七：你认为这是丈夫的哀叹还是妻子的哀叹？如何表现"哀叹"？

根据以上分析，设计声音形象，仔细揣摩，反复练习，把故事讲得真实、生动，并且养成这样逐字逐句分析的好习惯，提升语言能力。

三、音乐、音效的处理

音乐、音效是伴随故事同时出现的有声艺术，它对气氛的渲染、烘托人物的情绪、推动故事的高潮、控制故事的节奏、演绎现场的真实感都起到非常重要的作用。

讲故事与朗诵不同，故事往往是发生在一定的社会环境中，所以我认为，音效的效果会比音乐更有现场的真实感，音乐与音效相结合使用，更是丰富了听觉效果。

以上几点是我认为在讲故事中非常重要的听觉综合展现，只有做到这几点才能达到引人入胜的境界。

四、作业

练习讲故事。

跪拜的藏羚羊
王宗仁

这是听来的一个西藏故事。故事发生的年代距今有好些年了，可是，我每次乘车穿过藏北无人区时总会不由自主地要想起这个故事的主人公——那只将母爱浓缩于深深一跪的藏羚羊。

那时候，枪杀、乱逮野生动物是不受法律惩罚的，就是在今天，可可西里的枪声仍然带来罪恶的余音低回在自然保护区巡视卫士们的脚步难以达到的角落，当年举目可见的藏羚羊、野马、野驴、雪鸡、黄羊等，眼下已经凤毛麟角了。

当时，经常跑藏北的人总能看见一个肩披长发，留着浓密大胡子，脚蹬长统藏靴的老猎人在青藏公路附近活动，那支磨蹭得油光闪亮的权子枪斜挂在他身上，身后的两头藏牦牛驮着沉甸甸的各种猎物，他无名无姓，云游四方，朝别藏北雪，夜宿江河源，饿时大火煮黄羊肉，渴时一碗冰雪水，猎获的那些皮张自然会卖来一笔钱，他除了自己消费一部分外，更多地用来救济路遇的朝圣者，那些磕长头去拉萨朝觐的藏家人心甘情愿地走一条布满艰难和险情的漫漫长路。每次老猎人在救济他们时总是含泪祝愿：上苍保佑，平安无事。

杀生和慈善在老猎人身上共存，促使他放下手中的权子枪是在发生了这样一件事以后——应该说那天是他很有福气的日子，大清早，他从帐篷里出来，伸伸懒腰，正准备要喝一铜碗酥油茶时，突然瞥见两步之遥对面的草坡上站立着一只肥肥壮壮的藏羚羊，他眼睛一亮，送上门来的美事！沉睡了一夜的他浑身立即涌上来一股清爽的劲头,丝毫没有犹豫,就转身回到帐篷拿来了杈子枪,他举枪瞄了起来,奇怪的是,那只肥壮的羚羊并没有逃走,只是用乞求的眼神望着他,然后冲着他前行两步,用两条前腿扑通一声跪了下来,与此同时只见两行长泪从它眼里流了出来,老猎人的心头一软,扣扳机的手不由得松了一下,藏区流行着一句老幼皆知的俗语:"天上飞的鸟,地上跑的鼠,都是通人性的。"此时藏羚羊给他下跪自然是求他饶命了,他是个猎手,不被藏羚羊的悲悯打动是情理之中的事,他双眼一闭,扳机在手指下一动,枪声响起,那只藏羚羊便栽倒在地,它倒地后仍是跪卧的姿势,眼里的两行泪迹也清晰地留着。

那天,老猎人没有像往日那样当即将猎获的藏羚羊开膛、扒皮。他的眼前老是浮现着给他跪拜的那只藏羚羊。他感到有些蹊跷,藏羚羊为什么要下跪? 这是他几十年狩猎生涯中唯一见到的一次,夜里躺在地铺上他也久久难以入眠,双手一直颤抖着……

次日,老猎人怀着忐忑不安的心情对那只藏羚羊开膛扒皮,他的手仍在颤抖,腹腔在刀刃上打开了,他吃惊得出了声,手中的屠刀咣当一声掉在地上……原来在藏羚羊的子宫里,静静卧着一只小藏羚羊,它已经成形,自然是死了。这时候,老猎人才明白为什么那只藏羚羊的身体肥肥壮壮,也才明白它为什么要弯下笨重的身子向自己下跪,它是在求猎人留下自己的孩子的一条命呀!

天下所有慈母的跪拜,包括动物在内,都是神圣的。

老猎人的开膛破腹半途而停。

当天,他没有出猎,在山坡上挖了个坑,将那只藏羚羊连同它那没有出世的孩子掩埋了。同时埋掉的还有他的杈子枪……

从此,这个老猎人在藏北草原上消失了,没人知道他的下落。

月光曲

两百多年前,德国有个音乐家叫贝多芬,他谱写了许多著名的曲子。其中有一首著名的钢琴曲叫《月光曲》,传说是这样谱成的。

有一年秋天,贝多芬去各地旅行演出,来到莱茵河边的一个小镇上。一天夜晚,他在幽静的小路上散步,听到断断续续的钢琴声从一所茅屋里传出来,弹的正是他的曲子。

贝多芬走近茅屋,琴声突然停了,屋子里有人在谈话。一个姑娘说:"这首曲子多难弹啊! 我只听别人弹过几遍,总是记不住该怎样弹,要是能听一听贝多芬自己是怎样弹的,那有多好啊!"一个男的说:"是啊,可是音乐会的入场券太贵了,咱们又太穷。"姑娘说:"哥哥,你别难过,我不过随便说说罢了。"

贝多芬听到这里,推开门,轻轻地走了进去。茅屋里点着一支蜡烛。在微弱的烛光下,男的正在做皮鞋。窗前有架旧钢琴,前面坐着个十六七岁的姑娘,脸很清秀,可是眼睛失明了。

皮鞋匠看见进来个陌生人,站起来问:"先生,您找谁? 走错门了吧?"贝多芬说:"不,我是来弹一首曲子给这位姑娘听的。"

姑娘连忙站起来让座。贝多芬坐在钢琴前面,弹起盲姑娘刚才弹的那首曲子。盲姑娘听得入了神,一曲弹完,她激动地说:"弹得多纯熟啊!感情多深哪!您,您就是贝多芬先生吧?"

贝多芬没有回答,他问盲姑娘:"您爱听吗?我再给您弹一首吧。"

一阵风把蜡烛吹灭了。月光照进窗子来,茅屋里的一切好像披上了银纱,显得格外清幽。贝多芬望了望站在他身旁的兄妹俩,借着清幽的月光,按起了琴键。

皮鞋匠静静地听着。他好像面对着大海,月亮正从水天相接的地方升起来。微波粼粼的海面上,霎时间洒满了银光。月亮越升越高,穿过一缕一缕轻纱似的微云。忽然,海面上刮起了大风,卷起了巨浪。被月光照得雪亮的浪花,一个连一个朝着岸边涌过来……皮鞋匠看看妹妹,月光正照在她那恬静的脸上,照着她睁得大大的眼睛,她仿佛也看到了,看到了她从来没有看到过的景象,月光照耀下的波涛汹涌的大海。

兄妹俩被美妙的琴声陶醉了。等他们苏醒过来,贝多芬早已离开了茅屋。他飞奔回客店,花了一夜工夫,把刚才弹的曲子——《月光曲》记录了下来。

身边好男儿,天下英雄气
——讲述全国道德模范官东的故事

胡霞

2015年6月2日晚7点,家住宁国的官昌元吃完晚饭,准时收看中央电视台的《新闻联播》。"东方之星"游轮翻沉的新闻让官昌元心头一紧。镜头对准了一个正在施救的潜水员,他惊讶的一下站了起来:"呀,这不是官东吗?"他瞪大眼睛紧紧地盯着镜头里的儿子。

6月1日晚上9点半,"东方之星"号客轮由南京开往重庆,当航行至湖北省荆州市监利县长江大马洲水道时,突遇龙卷风翻沉,事发时船上共有454人。

事件发生后,党中央、国务院高度重视。湖北省、重庆市及有关方面积极组织力量,全力开展搜救,一场与时间赛跑的生命大营救随即展开。

6月2日,海军工程大学抢险部队作为第一批潜水救援力量投入战斗。乌沉沉的天、黄澄澄的水使救援气氛显得格外凝重。官东第一个申请下水。"水很冷,身体发凉,心里也一直在打鼓。"官东说。江底的能见度很低,流速大,只能用手去摸着找舱门。从找舱门到拉开舱门,大约用了10分钟。但是这次援救却比较顺利,他很快发现了朱红美老人,老人一见到官东,便喜极而泣,官东安慰道:"大娘,别怕,我们一定会把你救出去!"这是第一位被成功救出的生还者。

由于水下压力大,潜水员在水下体能消耗很大,一般24小时内只下水一次。下午2点15分,官东再次申请下水。根据检测,被困人员在机舱。他下水后来回在机舱外围找了四圈,才找到入口,机舱内充满了柴油味。官东看到陈书涵盘坐在管道上,两眼发呆,头发、脸上全是油污,嘴里吐着废油,不说话,丝毫没有求生愿

第九章　讲故事

望。问了他几句话,他才说了一句:"你来了"。给他轻潜设备,他不会使用也不想用,经过官东耐心的劝导,陈书涵精神状态略有好转,但仍难完成逃生动作。混杂着油污的空气越来越稀薄,面对绝望的陈书涵,官东说:"兄弟,别紧张,有我在。"要脱困必须经过'U'型潜水路线,先下潜穿过船舱到船外,再上浮出水。当时陈书涵既不愿意戴轻潜装具,更不愿意下潜到黑暗的水中。紧急关头,官东不假思索地将自己的设备取了下来,直接套在他身上,并让其他两名潜水员护送他上岸,官东戴上轻潜装具出水。

在下潜出舱的过程中,官东发现身上的信号绳断了。信号绳是潜水员与水面队友沟通的工具,是原路返回的依靠,是潜水员的生命线。失去信号绳,安全就没有了保障。官东在水下什么也看不见,只能靠摸索。沉船内到处是翻倒的柜子、横在通道中间的铁板、杂物,加上水流很急,要想在一片黑暗中顺利出舱,谈何容易?官东知道自己的处境非常危险,他想到了父母,想到了女朋友。亲人和爱人在等他回去,他一定要回去!他告诫自己冷静、冷静!而岸上,拉着官东的信号绳的战友,发现绳子那一端没了人,心一下子提到嗓子眼,战友们都在为官东担心,出了什么事了?官东怎样了?其实他们心里比谁都明白,官东现在很艰难。

官东在黑暗的水下摸索,出口在哪里?时间一点一点的流逝,连续的工作使他体力消耗太大,装备内的空气越来越少,呼吸越来越困难,官东艰难的支撑着。他冷静的思索,仔细的辨别摸索……10分钟,20分钟,30分钟……快没有氧气了……摸到了,终于他摸出船舱了!然而,湍急的水流迅速将官东卷入30米的深水区,深水高压,人体根本承受不了。官东当即决定卸掉压铅和装具,快速上浮。这是潜水员禁止的动作,然而正是这一非常规动作,让官东抓住了最后的求生机会。

"看,官东,官东出来了,官东出来了。"战友们呼喊着、奔跑着,用阵阵掌声表达内心的喜悦。官东出水时,双眼红肿、耳朵胀痛、鼻孔出血。

李克强总理专门慰问并特别表扬了官东,总理说:"你当时那么做很了不起,把生的希望留给别人,却把危险留给自己。"官东说:"我只是做了一名潜水员应该做的事情。"

看到电视里官东的画面,官昌元又惊又喜,他很激动,也很担心,彻夜难眠,因为孩子毕竟是冒着生命危险。直到6月3日早上,官东发来短信:"一切安好"。

短短四个字,官昌元舒一口气,眼泪流下来了……

在千钧一发的生死关头,年轻的官东做出了近乎本能的抉择,挽救了他人的宝贵生命,践行了一名军人的光荣使命。

第十章　沟通的艺术

第一节　语言的素质及沟通能力的训练

沟通艺术是一种可感性较强的显性素质,它是诸多隐性素质,如思想、道德、情操、文化、学识、修养等的物质外化。人每天都要说话,无论是求学、就职,还是人际交往,因而,沟通能力往往关系到学习、工作、生活的成败得失。

文明、规范、得体、生动是沟通艺术追求的目标。

文明,就是要求说敬语、谦语,说礼貌用语,不说粗俗的话,不说肮脏下流的话,不恶语伤人,不诬蔑谩骂。

规范,就是要求说普通话,不在工作、学习及公共场所说方言土语,语言要符合现代汉语语法规范。

得体,即说话要看对象、论场合、讲方式、求效果,要做到"到什么山上唱什么歌",忌不分青红皂白,信口开河。

生动,就是要求说话机智、幽默,富有哲理而不乏情趣,传情达意有感染力、感召力,忌语言干瘪乏味,忌说假话、空话、大话、套话。

在交流过程中还有很多是我们要注意的,要明白:虽然人人都会说话,但说话有文野之分,能力有高下之别。要做到善于说话,就必须进行说话训练。

一、语言是思维的载体

一个人的思想最终是以语言的方式呈现出来的,我们可以通过他的语言来判断其行为的可能性。简单来说,我们想问题时,需要用语言来组织,再把它编辑成完整的思路。说普通话的好处就是使"想"和"说"之间少了一道翻译。习惯用方言的人,如果在公开场合说普通话,他们会先用方言组织思维,然后翻译成普通话再说出来,这样;思维与说话之间会有时间差,这个时间差会给人留下不够流利的印象。

二、语言体现道德标准和文化修养

语言是思维的载体,是人与人交流的工具,我们的语言承担着一个重要的功能就是告诉别人我是谁,所以一个人的语言直接地向别人展示了他的道德修养水准。我们很多人在说话时不太注意,无形间就损坏了自己的形象,比如爆粗口、刻薄、尖酸、嘲弄等。不当的语言会暴露个人的品行问题,优化我们的语言必须从提高个人道德素质抓起。

语言是人的外包装,是个人的形象组成部分。文明得体的语言会给别人留下非常美好的印象,这会使别人觉得和你交谈是非常愉快的事。

三、口语训练方法

如何进行口才训练?建议大家按以下步骤逐步训练。

第一阶段,回答问题。这个问题不能是"是非判断",而必须是事实判断,也就是尽量说出我这么想的原因。

第二阶段,复述事件。每日坚持将今天经历的事情一件件清晰地表达出来。在表达的时候自然地带上表情、动作。

第三阶段,当众讲话。定期在家庭聚会中公开讲话。

第四阶段,即兴演讲。定期组织同学们在一起进行自由发挥的即兴演讲,可以天马行空自由发挥,但必须要有头有尾。将自己的讲话时间提升到 3 分钟以上。

第五阶段,主题演讲。由同学们自己设计一个演讲,自己动手制作演讲所需的服装、道具。

每个阶段的时间长短不一,可视现实情况而定,不要着急,重在养成说话的习惯,提高自身的语言表达水平。

四、沟通能力的训练

(一)沟通能力的构成

1. 内部语言的组织能力

先想后说、边想边说,想得清楚,才能说得明白;想得丰富,才能说得精彩。

2. 语言编码的生成能力

内部语言转化为外部语言,口语词汇储备要多。

3. 语言的表现能力

语质:声音是否甜润、纯净、清晰悦耳。

语调:语言的抑扬缓急、音高的升降起落,表达情感的浓淡轻重。
语量:语音的表达是否流畅自然,不同场合的语量大小、粗细是否合适。
语律:节奏韵律能否协调。

(二) 沟通能力训练的要求

语言规范,表达正确;逻辑严密,思路清晰;通俗形象,简洁明快;委婉得体,情理相容;富于激情,注意体态语。

五、作业

(1) 发声训练。
(2) 绕口令训练。
(3) 对话训练。

大明宫词(节选二)
郑重

公主(成年):你也是宫里的孩子,知道长大意味着什么,身为皇家之子,长大意味着进入无穷无尽的礼数,意味着任何一种孩童的普通想念,都要被披上一件高贵的外衣,意味着与你所爱的人开始疏远。

宫女:公主,你千万别提桌子呀,你玩什么不成,偏要玩这个干吗呀?

公主(少年):玩儿?我什么时候跟你玩了?我在上吊。

宫女:求求您了,您快下来吧,求求您了。

公主(少年):你们都别过来,都跪下!跪下,你也跪下!

宫女:是

公主(少年):你们都不准过来,你们都看着我上吊,我要死了。春妈妈,你也来了,正好告诉我母后,我再也不喜欢她了,都三天没来看我了,还有,再告诉父皇,让他给我弄一套三国的皮影,放在我屋里,好了,我要死了,我要闭眼了啊。

宫女:公主……春妈妈……

武后:看来,她是真想死,那……我就成全了她,咱们走吧。

公主(少年):你……回来,我是闹着玩儿的,我就是想见你,我想你了,抱我下来吧。妈妈,我只不过想你,你都三天没来看我了,我闷得慌嘛。

武后:那你不能拿死来吓唬人啊,你看,把春妈妈都快吓死了。

……

第二节　沟通的技巧

一、积极主动的沟通

西汉著名学者杨雄言提出:"重言,重行,重貌,重好。言重则有法,行重则有德,貌重则有威,好重则有观。"就是说,一个人要重视自己的语言、行为、形象、爱好。语言慎重就合乎原则,行为稳重就合于道德,举止庄重就会有威仪,爱好执着就值得人重视。这里,杨雄把沟通放在了第一位,并且提出了语言慎重的沟通法则。

那么沟通的意义和目的是什么呢?

沟通是在职场中,人与人之间用语言、文字等符号交流信息、交流思想和情感来达成职业活动的双向互动过程。沟通的目的就是让对方理解我的意图,取得对方的支持,保持良好的关系。

(一) 沟通前的准备

(1) 预约。联系对方,尊重对方的日程安排,约好时间,不迟到。

(2) 准备好说话提纲,明确预期目的。

(3) 做好见面的准备。

① 了解对方的基本情况(性别、大致年龄、职务、爱好等)。

② 了解见面的地点的基本情况(办公室、酒店、咖啡厅等)。

③ 估计见面的大致时间。

④ 根据以上基本情况做好准备,穿合适的衣服,打扮得体。

(二) 沟通的关键

1. 善于提出话题

善于交谈者是不会让谈话冷场的。提出一些大家都乐于接受的话题,可以让气氛更轻松愉快。

2. 善于控制话题

交谈最常见的就是偏离话题,所以控制话题就显得很重要。

3. 善于转移话题

对于有些场合,转移话题也很重要,不要让对方死缠住一个话题。

二、自信是沟通的基础

因为沟通可以增进相互的了解,建立更加信任的关系,所以我们应该积极主动地去和他人沟通。主动地开展交流、沟通,是让别人了解自己、发现自己的积极方式,也是满足他人被认同、被承认的需要的有效手段,是获得他人认可的重要途径。在积极的沟通过程中,自信显得尤为重要,只有自信的人才能在沟通过程中呈现出引人注目的光环,被赞扬、被接纳,在沟通中建立良好的关系。

那么如何呈现自信的状态呢?

自信是建立在正确认识自己的基础上,知道自己的优点和缺点,并能愉快地接纳自己,相信自己的能力和才干,是一种积极健康的心理品质。

和自信相对立的是自负,自负的人往往不能客观地评价自己,盲目地认为自己什么都好,这样会给别人留下不踏实、浮夸的印象。

自信的人往往会给人留下非常美好的印象,其主要表现在以下几点:

1. 表达能力强

自信的人会很轻松地针对各种情况做出迅速反应,他们表达得体、大方、风趣、幽默,会让气氛轻松欢快。

2. 尊重他人的权利

自信的人懂得尊重他人,并且从尊重他人的过程中获得他人的尊重,实现自我尊重,这是非常美好的感受。

3. 坦率和坚定

自信的人能够正面地面对自己的优点和缺点,知道自己面对的问题有多大的困难,知道困难总是可以改变的,知道坚持的结果一定会好于现状,知道在坚持的过程中会有意想不到的惊喜发生,从而使自己的道路越走越宽阔。

三、拒绝暴力语言

生活当中,到处都有口无遮拦的人,他们被善良的朋友、同僚、同学、亲人过分包容着,大家总是以"直"来形容这样的人,并且对他们超出正常交际边界的言谈用各种方式去解释和开脱。这使得我们的生活中到处都充斥着语言暴力或者语言入侵,正所谓"良言一句三冬暖,恶语伤人六月寒"。

所谓的语言暴力并不需要满嘴污言秽语或者语无伦次,在当下这个社会中真正那样的人其实并不多,他们往往沉落在社会最底层,并且因为社会的进步而渐渐沦为了畸零人,成为比较极端的语言样板。所谓的"恶语"更多的是指那些字面上好像并无不妥,但是在特定的场景或者氛围当中显得特别不合时宜的话。

场景一:

"关于这件事我还有一点问题没弄明白,请问……"

"噢,这事和我这边没关系,我不负责这个。"

上述场景是我们在许多地方都会碰见的,我们将其称为"闭门羹",或"碰一鼻子灰",虽然回答者回答的是实情,但是提问者在此时会有一种莫名的挫败感和沮丧感,还会有一种被戏弄的羞耻感,虽然对方可能并无此意。

场景二:

"这个包是我家人买给我的,不贵,但我挺喜欢的。"

"这个包我也有,但现在不怎么用了。"

上述场景中的包可以换成任何东西,家人也可以换成任何人,言说者提出这个事情只是为了表达一下自己愉悦的心情,而接话的人却极为鲁莽地在表达自己的心情,也许说者无心,但是对方的好心情却瞬间被击破了。

场景三:

"我最近感觉孩子越来越懂事了,都知道为我们夫妇盛饭了。"

"我们家孩子两年前就会了呢。"

上述场景也经常出现在我们的生活当中,总有人会争强好胜,不顾对方感受地表达出自己的优越感,结果使得谈话不欢而散。争强好胜这件事情不是在任何时候都合时宜。

上述的这些语言,都是我们在生活当中遭遇的"语言暴力",许多时候它们甚至比脏话、粗口更让人难以忍受,因为如果真的是脏话、粗口,那你可以明着拉下脸来,与对方决裂,恰恰是这些言外之意,令我们感到很难受,又还要装作若无其事,以避免"小题大做",被人诟病。

那些出言不逊的人,你可以说他没有文化,也可以说他没有教养,还可以说他没有情商。但事实是,在一个更文明的国家当中,这样的人会更少,语言文明会让人感觉其乐融融。所以,我认为,他们只是从小没有接受过这样的训练,他们的父母、老师,对他们在语言表达方面的培养是有欠缺的。

四、作业

准备一个3分钟的话题,试着与他人沟通,关注怎样说得让对方爱听。

第三节　倾听的艺术

美国作家大卫·马克森说:"许多人没有给人留下良好的印象是因为他没有认真听别人说话。"可见在沟通中,倾听有多重要。

倾听为什么那么重要呢？

倾听是接受口头及非语言信息、确定其含义和对此做出反应的过程。倾听的价值是获得对方的尊重和信任。倾听是理解、尊重、接纳、分担痛苦，分享快乐；它有利于知己知彼，有利于获得友谊；它是信息的重要来源。

在一切语言活动中，听者拥有决定权。无论是怎样的语言场景：沟通、演讲、谈判、辩论、说服等等，都是说者在努力改变听者的想法，如果没有倾听，也就不存在沟通。我们在沟通中完成从聆听到判断、再到思考、最后再表达这样一个循环往复的过程。

是什么影响着我们的倾听质量呢？我们的倾听障碍有主观和客观两方面。主观障碍往往表现为：倾听者过于自我；倾听者已有偏见；倾听者急于表达自己，说服对方；倾听者急于结束谈话。而客观障碍则表现为：心理负担、紧张；对在场的他人顾忌；事前准备不足；外界干扰、易走题。

一、倾听的几种类型

在倾听的过程中，也有比较糟糕的倾听方式：听而不闻和选择倾听。这两种倾听的质量比较差，对他人也不够尊重，会直接影响到人际关系。理想的倾听方式有：专注式倾听和有效倾听；这两种倾听会抓住重要的信息，使人际关系比较密切。有效倾听分为三个层次：排除干扰，身体参与，言语参与，思想参与。

排除干扰是指在倾听的过程中，要积极倾听对方说话，谢绝其他来访，将手机调成静音，做到环境安静无干扰，客观条件具备，主观倾听认真，这是有效倾听的基础。

在专注倾听的基础上，肢体动作和有声语言相互配合，积极反馈对方给到的信息，使倾听具有鲜明的沟通效果，这是有效倾听的较高层次。

思想参与是指倾听者认真分析并思考讲述者的意见，提出可商榷的方案，共同探讨，使倾听达到最大价值，这是有效倾听的最高境界。

二、倾听能力的训练

1. 语音的感知力

（1）辨析听音：从众多信息中筛选出有价值的信息。

（2）定向听音：从众多声音中准确判断出自己需要的声音，并不受干扰，专心倾听。

（3）同步听音：同时能听几种声音（如配乐朗诵）。

2. 语义的感知理解能力

（1）鉴别差错能力：从一段语言当中迅速找出错误，防止误解。

（2）提炼中心能力：能够从大段的讲话中迅速归纳出几个要点。

（3）信息分类：能够从一段语言中迅速找到有价值的信息，并将信息分类，判断什么是过期的信息？什么是现在可利用的信息？什么是将来可利用的信息？

3. 语言的审美能力

语言的审美能力是对语言的品质进行评价。

要求：专心静听、带情倾听、积极反馈、宽容聆听、解读体态语。

三、有用的倾听技巧

在倾听的过程中，我们可以有意识地做到以下几点，一定能够让我们成为可爱的倾听者，帮助我们达成理想的人际关系。

（1）尊重说话者，专心致志且乐意倾听。

（2）将注意力集中在内容上，而非表达方式上。

（3）寻找重点，略过细节。

（4）避免受偏见的影响。

（5）控制情绪。

（6）以积极的身体语言来鼓舞说话者。

（7）消除环境和行为干扰。

（8）做笔记写下关键词句。

（9）适时提问，帮助说话者清楚表达。

（10）以重述方式确认说话者的观点。

四、作业

（1）从下面文章里归纳出作者的几个观点。

（2）从下面文章里找出信息并归类。

奢华与教养
梁文道

今天的中国，无论你走到哪里，几乎都能看见"奢华"这两个字。每一本时尚生活杂志都在不厌其烦地告诉你有关奢华的故事，每一个商品广告都试图让你感到它要卖的商品有多奢华。于是房子是奢华的，车子是奢华的，大衣是奢华的，手表是奢华的，皮鞋也是奢华的，乃至于我刚刚吃过的涮羊肉也标榜自己的用料十分奢华。

本来这种东西是可以见怪不怪的，正所谓奢华见惯亦平常。可是有一天，我在杂志上看到一篇介绍英国手工定制鞋的文章，作者先是不断渲染英国绅士的低调含蓄，一两千字之后笔锋忽然一转，他还是未能免俗地要大谈这鞋子有多奢华，并将其定位为"低调的奢华"。然后把绅士等同于品位,再将品位等同于奢华。

许多媒体早就在"奢华"和"品位"之间画上等号了,但现在有人进一步连"绅士"也挂了上去,这就让我觉得有些刺眼了。

我的生活奢华不起,我的言行也离绅士甚远,可我总算读过不少传说中的英国绅士写的东西,在我的印象中,绅士和奢华根本是两个完全不同的概念。且看十九世纪英国绅士之间的通信,关于绅士的品位,他们是这么说的:"×××的家朴实无华,真是难得的好品位。""他是那种老派的绅士,一件大衣穿了二十年。"他们会称赞一个人的朴实和惜物,低调而不张扬,却绝对不会把看得见的奢华当作品位,尤其不会把它视为绅士的品位。

就以一双手工制作的顶级皮鞋来说吧,它是很贵,但它可以穿上一二十年,这里头的学问不只是它自身的质量,更是你穿它、用它的态度。首先,你会珍惜它,所以走路的姿势是端正的,不会在街上看见什么都随便踢一脚。其次,你愿意花点时间和心思去护理它,平常回家脱下来不忘为它拂尘拭灰,周末则悠悠闲闲地替它抹油补色,权当一种调剂身心的休息活动(就算他有佣人,他也宁愿自己动手)。所以这双鞋能够穿得久,十年之后,它略显老态,但不腐旧,看得出是经过了不错的照料,也看得出其主人对它的爱惜,这叫作绅士。不一定喜欢昂贵的身外物,但一定不随便花钱,朝秦暮楚。他的品位不在于他买了什么,而在于他的生活风格甚至为人;他拥有的物质不能说明他,他拥有物质的方式才能道出他是个怎么样的人。

当然,一个人不能做物质的奴隶,但他的人格、性情或许可以借着物质偶尔散发出来。简单地讲,这就是教养。"教养"是一个何其古老、于今天何其陌生的词啊。这个词本来才是品位的绝配,不过,由于教养困难,奢华容易,我们今天才会把品位许给了奢华,让空洞的、无止境的消费去遮掩教养的匮乏。久而久之,甚至开始有人以为,英国的传统绅士皆以奢华为人生第一目标。

如果你觉得"教养"太过抽象,我可以为你举一些没有教养的好例子。开着一部奔驰车在街上横冲直撞,觉得行人全是活该被吓死的贱民,这是没有教养的。手上戴着伯爵表,然后借醉酒辱骂上错菜的服务员小妹妹,这也是没有教养的。教养不必来自家教,更不是贵族的专利,上进的绅士更看重后天的自我养成。然而,如今有力奢华地招摇过市之辈多如过江之鲫,甘于谦逊、力求品格善美的人却几不可闻,岂不可叹?

第四节　沟通的礼仪

孔子曰:"言未及之而言,谓之躁;言及之而不言,谓之隐;未见颜色而言,谓之瞽。"这句话的意思是:话还没说到那个份上,就急着说,这叫浮躁;话已经说到嘴边了,应该说而不说,这叫隐瞒;不看对方的脸色,不顾及环境就说,这叫睁眼瞎,胡乱说。这都是沟通过程中的大忌讳。

我们下面就谈谈沟通中的礼仪问题。

一、沟通时应注意的几个问题

1. 自我介绍

与不相识的人见面,首先要做自我介绍,在不同场合,面对不同的对象,有不同的要求,一般情况下,自我介绍只要说明自己的姓名、身份即可。如果是工作需要,介绍应详细一些,可以介绍自己的职务,引起对方的注意,必要时可出示有关证件以获得信任。

2. 询问对方

询问对方应该如何称呼。

3. 介绍他人的顺序

(1) 先把男方介绍给女方。

(2) 先把职位低的人介绍给职位高的人。

(3) 先把年轻人介绍给年长者。

(4) 先把未婚女子介绍给已婚女子。

(5) 先把主人介绍给宾客。

4. 称谓

准确恰当的称呼被介绍者,不仅有利于双方彼此了解,也会使人产生愉悦和满足的心理感受。一般来说,公务员、企业家重视职衔,学者、艺术家重视职称,老百姓重视辈分。

二、沟通的原则

文明得体的沟通,不仅体现了人们的语言水平,也是沟通者良好素质修养的一面镜子。语言有美丑、雅俗、冷暖之分。因此,学习、掌握交谈的艺术尤为重要。我们在沟通过程中须遵循以下几个原则:

1. 礼貌

(1) 使用礼貌用语。

(2) 倾听对方说话(不可随意打断别人的话语,不能没有反应,不能注意力不集中)。

(3) 自然大方(不可做小动作)。

2. 坦诚

真诚的语言能敲开紧闭的感情大门,能瓦解不信任的防线,能架起友谊的桥梁。坦诚的态度可以成为人际交往中相互信任的基础。

3. 谦虚

在交谈的过程中,不要凌驾于对方之上,不要总表现出自己有多能干,低调会给你很多回旋的空间,谦虚是一种美德,而今的社会更需要你多赞美人,你赞美的人越多,你的财富就越多。

4. 避讳

(1) 不问年龄。年龄是个人隐私,不能问。

(2) 不问婚姻。特别是异性,否则有"过分关心"之嫌。

(3) 不问家庭状况。它可能会使独身或离异的人尴尬。

(4) 不问经济收入。因为这与他的个人能力及社会地位有关,对方会认为你在调查他的能力及社会地位。与此相关的住房大小、档次、衣着饰品的价格都不应该问。

(5) 不问信仰。

(6) 不问个人经历。

(7) 不问住址。因为居住的小区能直接反映家庭的经济状况。

5. 视线

从额头向下分为三个视线区域,依次为工作视线区域、社交视线区域、亲密视线区域。在沟通的过程中,目光所流露出来的感情是最真实的,它会瞬间暴露你深层次的情感。

6. 声音

(1) 公共场所声音的大小以对方能听到为准,不要干扰到其他人。

(2) 独立空间,声音以在座各位都能听到为好。

(3) 小型会议根据空间大小,适当控制音量,以第一排不吵,最后一排能听清楚为好。

三、有效沟通的方案

1. 合作

例如:

"关于这件事我还有一点问题没弄明白,请问……"

"这个其实我也不是特别清楚,因为我不负责这一块,但您别着急,我可以再去帮您问问另一个部门。"

同样是在回答一件与己无关的事情,但是当你遵循这样的"合作原则",为对方多一点考量,或者提供一个你力所能及的解决方案,都会让对方感觉温暖。正在设法解决一个问题的人,往往是弱势的,并且心态上也处于一种低落的状态,这个时候在语言上给予一些温暖,会让他倍加感激。

2. 赞美

例如：

"这个包是我家人买给我的，不贵，但我挺喜欢的。"

"这个世界上许多美好的东西其实都不贵，但却最珍贵。"

接话的人可以接任何符合对方语境的话去赞美他的收获。在我们的生活当中，我们总是要多一些对对方的赞美，这会让你的交际圈子变得无比圆融。这一点其实无需多言，在朋友圈当中设置了"赞"的按钮，本身就说明了人们对于他人认同的渴望。总是不认同他人的人，往往也很难被他人所认同。

3. 卑己尊人

例如：

"我最近感觉孩子越来越懂事了，都知道为我们夫妇盛饭了。"

"你们真有福气，教子有方，要给我好好传授经验。"

自古以来，卑己尊人都是儒家文化圈当中的一个惯例，人们也往往在这种谦卑的语言交际当中维系着正常的关系，这样的一种谦卑并不会让人觉得你真正有哪里不堪，而只会觉得你为人和善，虚怀若谷。

掌握了这三个原则，你将不会是一个"口无遮拦"的人，甚至可能会治好"口无遮拦"这种毛病，也不会让你在交际圈子当中处于边缘地位，得体的语言会让人如沐春风。

四、管理好自己的电话

在沟通的过程中，很多时候是电话给人留下了非常不好的印象，特别是在电话沟通中。我们要知道在手机的使用中哪些是不合适的，只有管理好手机，才有愉悦的沟通。我们要做到以下几点：管理好手机，不要不合时宜地响起；控制好自己，不要时时关注手机；开会、听课、作报告等场合将手机调成静音并收进口袋。

在电话沟通中，我们也要知道电话使用的一些注意事项，电话沟通的利弊都非常明显，比如，电话沟通的"利"是私密性强，一对一的说话，方便隐秘，能够快捷地联系到对方；电话沟通的"弊"是你无法确定时间是否恰当，对方可能编造理由拒听，听人说话可能会有困难，对声音和语调的要求会更高。

1. 接听电话时的注意事项

（1）电话沟通过程中要认真听。

（2）不是特殊情况不可按免提，不可录音。

（3）左耳接听电话，右手做记录。

（4）拒绝电话最好使用短信回复。

（5）一次通话时间最好不要超过3分钟。

（6）主叫先挂电话。

2. 微信沟通时的注意事项

(1) 微信沟通过程中慎用视频。

(2) 拒绝别人的微信视频和音频邀请,要及时回复短信说明原因。

(3) 微信沟通过程中表情包可以替代部分语言的功能。

(4) 微信群里不发广告,不说负能量话语。

(5) 关于微信群里的通知,不强调一定要回复的,请不要回复,从确保人人都能看到通知。

(6) 关于微信群里的通知,错过第一时间的消息,要自己"爬楼"往前看,不要反复询问。

五、作业

熟记沟通礼仪的要点。

附录一　普通话水平测试用必读轻声词语表

说　明

1. 本表根据《普通话水平测试用普通话词语表》编制。
2. 条目中的非轻声音节只标本调,不标变调;条目中的轻声音节不标调号。

爱人 ài ren	案子 àn zi	巴掌 bā zhang	靶子 bǎ zi
爸爸 bà ba	白净 bái jing	班子 bān zi	板子 bǎn zi
帮手 bāng shou	梆子 bāng zi	膀子 bǎng zi	棒槌 bàng chui
棒子 bàng zi	包袱 bāo fu	包涵 bāo han	包子 bāo zi
豹子 bào zi	杯子 bēi zi	被子 bèi zi	本事 běn shi
本子 běn zi	鼻子 bí zi	比方 bǐ fang	鞭子 biān zi
扁担 biǎn dan	辫子 biàn zi	别扭 biè niu	饼子 bǐng zi
拨弄 bō nong	脖子 bó zi	簸箕 bò ji	补丁 bǔ ding
不由得 bù yóu de	不在乎 bù zài hu	步子 bù zi	部分 bù fen
财主 cái zhu	裁缝 cái feng	苍蝇 cāng ying	差事 chāi shi
柴火 chái huo	肠子 cháng zi	厂子 chǎng zi	场子 chǎng zi
车子 chē zi	称呼 chēng hu	池子 chí zi	尺子 chǐ zi
虫子 chóng zi	绸子 chóu zi	除了 chú le	锄头 chú tou
畜生 chù sheng	窗户 chuāng hu	窗子 chuāng zi	锤子 chuí zi
刺猬 cì wei	凑合 còu he	村子 cūn zi	耷拉 dā la
答应 dā ying	打扮 dǎ ban	打点 dǎ dian	打发 dǎ fa
打量 dǎ liang	打算 dǎ suan	打听 dǎ ting	大方 dà fang
大爷 dà ye	大夫 dài fu	带子 dài zi	袋子 dài zi
单子 dān zi	耽搁 dān ge	耽误 dān wu	胆子 dǎn zi
担子 dàn zi	刀子 dāo zi	道士 dào shi	稻子 dào zi
灯笼 dēng long	凳子 dèng zi	提防 dī fang	笛子 dí zi

底子 dǐ zi	地道 dì dao	地方 dì fang	弟弟 dì di
弟兄 dì xiong	点心 diǎn xin	调子 diào zi	钉子 dīng zi
东家 dōng jia	东西 dōng xi	动静 dòng jing	动弹 dòng tan
豆腐 dòu fu	豆子 dòu zi	嘟囔 dū nang	肚子 dǔ zi
肚子 dù zi	缎子 duàn zi	队伍 duì wu	对付 duì fu
对头 duì tou	多么 duō me	蛾子 é zi	儿子 ér zi
耳朵 ěr duo	贩子 fàn zi	房子 fáng zi	废物 fèi wu
份子 fèn zi	风筝 fēng zheng	疯子 fēng zi	福气 fú qi
斧子 fǔ zi	盖子 gài zi	甘蔗 gān zhe	杆子 gān zi
杆子 gǎn zi	干事 gàn shi	杠子 gàng zi	高粱 gāo liang
膏药 gāo yao	稿子 gǎo zi	告诉 gào su	疙瘩 gē da
哥哥 gē ge	胳膊 gē bo	鸽子 gē zi	格子 gé zi
个子 gè zi	根子 gēn zi	跟头 gēn tou	工夫 gōng fu
弓子 gōng zi	公公 gōng gong	功夫 gōng fu	钩子 gōu zi
姑姑 gū gu	姑娘 gū niang	谷子 gǔ zi	骨头 gǔ tou
故事 gù shi	寡妇 guǎ fu	褂子 guà zi	怪物 guài wu
关系 guān xi	官司 guān si	罐头 guàn tou	罐子 guàn zi
规矩 guī ju	闺女 guī nü	鬼子 guǐ zi	柜子 guì zi
棍子 gùn zi	锅子 guō zi	果子 guǒ zi	蛤蟆 há ma
孩子 hái zi	含糊 hán hu	汉子 hàn zi	行当 háng dang
合同 hé tong	和尚 hé shang	核桃 hé tao	盒子 hé zi
红火 hóng huo	猴子 hóu zi	后头 hòu tou	厚道 hòu dao
狐狸 hú li	胡萝卜 hú luó bo	胡琴 hú qin	糊涂 hú tu
护士 hù shi	皇上 huáng shang	幌子 huǎng zi	活泼 huó po
火候 huǒ hou	伙计 huǒ ji	机灵 jī ling	脊梁 jǐ liang
记号 jì hao	记性 jì xing	夹子 jiā zi	家伙 jiā huo
架势 jià shi	架子 jià zi	嫁妆 jià zhuang	尖子 jiān zi
茧子 jiǎn zi	剪子 jiǎn zi	见识 jiàn shi	毽子 jiàn zi
将就 jiāng jiu	交情 jiāo qing	饺子 jiǎo zi	叫唤 jiào huan
轿子 jiào zi	结实 jiē shi	街坊 jiē fang	姐夫 jiě fu
姐姐 jiě jie	戒指 jiè zhi	金子 jīn zi	精神 jīng shen
镜子 jìng zi	舅舅 jiù jiu	橘子 jú zi	句子 jù zi
卷子 juàn zi	客气 kè qi	空子 kòng zi	口袋 kǒu dai

附录一　普通话水平测试用必读轻声词语表

口子 kǒu zi	扣子 kòu zi	窟窿 kū long	裤子 kù zi
快活 kuài huo	筷子 kuài zi	框子 kuāng zi	阔气 kuò qi
喇叭 lǎ ba	喇嘛 lǎ ma	篮子 lán zi	懒得 lǎn de
浪头 làng tou	老婆 lǎo po	老实 lǎo shi	老太太 lǎo tài tai
老头子 lǎo tóu zi	老爷 lǎo ye	老子 lǎo zi	姥姥 lǎo lao
累赘 léi zhui	篱笆 lí ba	里头 lǐ tou	力气 lì qi
厉害 lì hai	利落 lì luo	利索 lì suo	例子 lì zi
栗子 lì zi	痢疾 lì ji	连累 lián lei	帘子 lián zi
凉快 liáng kuai	粮食 liáng shi	两口子 liǎng kǒu zi	料子 liào zi
林子 lín zi	翎子 líng zi	领子 lǐng zi	溜达 liū da
聋子 lóng zi	笼子 lóng zi	炉子 lú zi	路子 lù zi
轮子 lún zi	萝卜 luó bo	骡子 luó zi	骆驼 luò tuo
妈妈 mā ma	麻烦 má fan	麻利 má li	麻子 má zi
马虎 mǎ hu	码头 mǎ tou	买卖 mǎi mai	麦子 mài zi
馒头 mán tou	忙活 máng huo	冒失 mào shi	帽子 mào zi
眉毛 méi mao	媒人 méi ren	妹妹 mèi mei	门道 mén dao
眯缝 mī feng	迷糊 mí hu	面子 miàn zi	苗条 miáo tiao
苗头 miáo tou	名堂 míng tang	名字 míng zi	明白 míng bai
模糊 mó hu	蘑菇 mó gu	木匠 mù jiang	木头 mù tou
那么 nà me	奶奶 nǎi nai	难为 nán wei	脑袋 nǎo dai
脑子 nǎo zi	能耐 néng nai	你们 nǐ men	念叨 niàn dao
念头 niàn tou	娘家 niáng jia	镊子 niè zi	奴才 nú cai
女婿 nǚ xu	暖和 nuǎn huo	疟疾 nüè ji	拍子 pāi zi
牌楼 pái lou	牌子 pái zi	盘算 pán suan	盘子 pán zi
胖子 pàng zi	狍子 páo zi	盆子 pén zi	朋友 péng you
棚子 péng zi	脾气 pí qi	皮子 pí zi	痞子 pǐ zi
屁股 pì gu	片子 piān zi	便宜 pián yi	骗子 piàn zi
票子 piào zi	漂亮 piào liang	瓶子 píng zi	婆家 pó jia
婆婆 pó po	铺盖 pū gai	期负 qī fu	旗子 qí zi
前头 qián tou	钳子 qián zi	茄子 qié zi	亲戚 qīn qi
勤快 qín kuai	清楚 qīng chu	亲家 qìng jia	曲子 qǔ zi
圈子 quān zi	拳头 quán tou	裙子 qún zi	热闹 rè nao
人家 rén jia	人们 rén men	认识 rèn shi	日子 rì zi

褥子 rù zi	塞子 sāi zi	嗓子 sǎng zi	嫂子 sǎo zi
扫帚 sào zhou	沙子 shā zi	傻子 shǎ zi	扇子 shàn zi
商量 shāng liang	晌午 shǎng wu	上司 shàng si	上头 shàng tou
烧饼 shāo bing	勺子 sháo zi	少爷 shào ye	哨子 shào zi
舌头 shé tou	身子 shēn zi	什么 shén me	婶子 shěn zi
生意 shēng yi	牲口 shēng kou	绳子 shéng zi	师父 shī fu
师傅 shī fu	虱子 shī zi	狮子 shī zi	石匠 shí jiang
石榴 shí liu	石头 shí tou	时候 shí hou	实在 shí zai
拾掇 shí duo	使唤 shǐ huan	世故 shì gu	似的 shì de
事情 shì qing	柿子 shì zi	收成 shōu cheng	收拾 shōu shi
首饰 shǒu shi	叔叔 shū shu	梳子 shū zi	舒服 shū fu
舒坦 shū tan	疏忽 shū hu	爽快 shuǎng kuai	思量 sī liang
算计 suàn ji	岁数 suì shu	孙子 sūn zi	他们 tā men
它们 tā men	她们 tā men	台子 tái zi	太太 tài tai
摊子 tān zi	坛子 tán zi	毯子 tǎn zi	桃子 táo zi
特务 tè wu	梯子 tī zi	蹄子 tí zi	挑剔 tiāo ti
挑子 tiāo zi	条子 tiáo zi	跳蚤 tiào zao	铁匠 tiě jiang
亭子 tíng zi	头发 tóu fa	头子 tóu zi	兔子 tù zi
妥当 tuǒ dang	唾沫 tuò mo	挖苦 wā ku	娃娃 wá wa
袜子 wà zi	晚上 wǎn shang	尾巴 wěi ba	委屈 wěi qu
为了 wèi le	位置 wèi zhi	位子 wèi zi	蚊子 wén zi
稳当 wěn dang	我们 wǒ men	屋子 wū zi	稀罕 xī han
席子 xí zi	媳妇 xí fu	喜欢 xǐ huan	瞎子 xiā zi
匣子 xiá zi	下巴 xià ba	吓唬 xià hu	先生 xiān sheng
乡下 xiāng xia	箱子 xiāng zi	相声 xiàng sheng	消息 xiāo xi
小伙子 xiǎo huǒ zi	小气 xiǎo qi	小子 xiǎo zi	笑话 xiào hua
谢谢 xiè xie	心思 xīn si	星星 xīng xing	猩猩 xīng xing
行李 xíng li	性子 xìng zi	兄弟 xiōng di	休息 xiū xi
秀才 xiù cai	秀气 xiù qi	袖子 xiù zi	靴子 xuē zi
学生 xué sheng	学问 xué wen	丫头 yā tou	鸭子 yā zi
衙门 yá men	哑巴 yǎ ba	胭脂 yān zhi	烟筒 yān tong
眼睛 yǎn jing	燕子 yàn zi	秧歌 yāng ge	养活 yǎng huo
样子 yàng zi	吆喝 yāo he	妖精 yāo jing	钥匙 yào shi

附录一 普通话水平测试用必读轻声词语表

椰子 yē zi	爷爷 yé ye	叶子 yè zi	一辈子 yī bèi zi
衣服 yī fu	衣裳 yī shang	椅子 yǐ zi	意思 yì si
银子 yín zi	影子 yǐng zi	应酬 yìng chou	柚子 yòu zi
冤枉 yuān wang	院子 yuàn zi	月饼 yuè bing	月亮 yuè liang
云彩 yún cai	运气 yùn qi	在乎 zài hu	咱们 zán men
早上 zǎo shang	怎么 zěn me	扎实 zhā shi	眨巴 zhǎ ba
栅栏 zhà lan	宅子 zhái zi	寨子 zhài zi	张罗 zhāng luo
丈夫 zhàng fu	帐篷 zhàng peng	丈人 zhàng ren	帐子 zhàng zi
招呼 zhāo hu	招牌 zhāo pai	折腾 zhē teng	这个 zhè ge
这么 zhè me	枕头 zhěn tou	芝麻 zhī ma	知识 zhī shi
侄子 zhí zi	指甲 zhǐ jia	指头 zhǐ tou	种子 zhǒng zi
珠子 zhū zi	竹子 zhú zi	主意 zhǔ yi	主子 zhǔ zi
柱子 zhù zi	爪子 zhuǎ zi	转悠 zhuàn you	庄稼 zhuāng jia
庄子 zhuāng zi	壮实 zhuàng shi	状元 zhuàng yuan	锥子 zhuī zi
桌子 zhuō zi	字号 zì hao	自在 zì zai	粽子 zòng zi
祖宗 zǔ zong	嘴巴 zuǐ ba	作坊 zuō fang	琢磨 zuó mo

附录二　普通话水平测试朗读作品60篇

作品1号

那是力争上游的一种树,笔直的干,笔直的枝。它的干呢,通常是丈把高,像是加以人工似的,一丈以内,绝无旁枝;它所有的丫枝呢,一律向上,而且紧紧靠拢,也像是加以人工似的,成为一束,绝无横斜逸出;它的宽大的叶子也是片片向上,几乎没有斜生的,更不用说倒垂了;它的皮,光滑而有银色的晕圈,微微泛出淡青色。这是虽在北方的风雪的压迫下却保持着倔强挺立的一种树!哪怕只有碗来粗细罢,它却努力向上发展,高到丈许,两丈,参天耸立,不折不挠,对抗着西北风。

这就是白杨树,西北极普通的一种树,然而决不是平凡的树!

它没有婆娑的姿态,没有屈曲盘旋的虬枝,也许你要说它不美丽,——如果美是专指"婆娑"或"横斜逸出"之类而言,那么,白杨树算不得树中的好女子;但是它却是伟岸,正直,朴质,严肃,也不缺乏温和,更不用提它的坚强不屈与挺拔,它是树中的伟丈夫!当你在积雪初融的高原上走过,看见平坦的大地上傲然挺立这么一株或一排白杨树,难道你就只觉得树只是树,难道你就不想到它的朴质,严肃,坚强不屈,至少也象征了北方的农民;难道你竟一点儿也不联想到,在敌后的广大土地上,到处有坚强不屈,就像这白杨树一样傲然挺立的守卫他们家乡的哨兵!难道你又不更远一点儿想到这样枝枝叶叶靠紧团结,力求上进的白杨树,宛然象征了今天在华北平原纵横决荡用血写出新中国历史的那种精神和意志。

(节选自茅盾《白杨礼赞》)

作品2号

两个同龄的年轻人同时受雇于一家店铺,并且拿同样的薪水。

可是一段时间后,叫阿诺德的那个小伙子青云直上,而那个叫布鲁诺的小伙子却仍在原地踏步。布鲁诺很不满意老板的不公正待遇。终于有一天他到老板那儿发牢骚了。老板一边耐心地听着他的抱怨,一边在心里盘算着怎样向他解释清楚他和阿诺德之间的差别。

"布鲁诺先生,"老板开口说话了,"您现在到集市上去一下,看看今天早上有什么卖的。"

布鲁诺从集市上回来向老板汇报说,今早集市上只有一个农民拉了一车土豆在卖。

"有多少?"老板问。

布鲁诺赶快戴上帽子又跑到集上,然后回来告诉老板一共四十袋土豆。

"价格是多少?"

布鲁诺又第三次跑到集上问来了价格。

"好吧,"老板对他说,"现在请您坐到这把椅子上一句话也不要说,看看阿诺德怎么说。"

阿诺德很快就从集市上回来了。向老板汇报说到现在为止只有一个农民在卖土豆,一共四十口袋,价格是多少多少;土豆质量很不错,他带回来一个让老板看看。这个农民一个钟头以后还会弄来几箱西红柿,据他看价格非常公道。昨天他们铺子的西红柿卖得很快,库存已经不//多了。他想这么便宜的西红柿,老板肯定会要进一些的,所以他不仅带回了一个西红柿做样品,而且把那个农民也带来了,他现在正在外面等回话呢。

此时老板转向了布鲁诺,说:"现在您肯定知道为什么阿诺德的薪水比您高了吧!"

(节选自张健鹏、胡足青《故事时代》中《差别》)

作品3号

我常常遗憾我家门前那块丑石:它黑黝黝地卧在那里,牛似的模样;谁也不知道是什么时候留在这里的,谁也不去理会它。只是麦收时节,门前摊了麦子,奶奶总是说:"这块丑石,多占地面呀,抽空把它搬走吧。"

它不像汉白玉那样的细腻,可以刻字雕花,也不像大青石那样的光滑,可以供来浣纱捶布。它静静地卧在那里,院边的槐阴没有庇覆它,花儿也不再在它身边生长。荒草便繁衍出来,枝蔓上下,慢慢地,它竟锈上了绿苔、黑斑。我们这些做孩子的,也讨厌起它来,曾合伙要搬走它,但力气又不足;虽时时咒骂它,嫌弃它,也无可奈何,只好任它留在那里了。

终有一日,村子里来了一个天文学家。他在我家门前路过,突然发现了这块石头,眼光立即就拉直了。他再没有离开,就住了下来;以后又来了好些人,都说这是一块陨石,从天上落下来已经有二三百年了,是一件了不起的东西。不久便来了车，小心翼翼地将它运走了。

这使我们都很惊奇，这又怪又丑的石头，原来是天上的啊！它补过天，在天上发过热、闪过光，我们的先祖或许仰望过它，它给了他们光明、向往、憧憬；而它落下来了，在污土里，荒草里，一躺就//是几百年了！

我感到自己的无知，也感到了丑石的伟大，我甚至怨恨它这么多年竟会默默地忍受着这一切！而我又立即深深地感到它那种不屈于误解、寂寞的生存的伟大。

（节选自贾平凹《丑石》）

作品4号

在达瑞八岁的时候，有一天他想去看电影。因为没有钱，他想是向爸妈要钱，还是自己挣钱。最后他选择了后者。他自己调制了一种汽水，向过路的行人出售。可那时正是寒冷的冬天，没有人买，只有两个人例外——他的爸爸和妈妈。

他偶然有一个和非常成功的商人谈话的机会。当他对商人讲述了自己的"破产史"后，商人给了他两个重要的建议：一是尝试为别人解决一个难题；二是把精力集中在你知道的、你会的和你拥有的东西上。

这两个建议很关键。因为对于一个八岁的孩子而言,他不会做的事情很多。于是他穿过大街小巷,不停地思考:人们会有什么难题,他又如何利用这个机会?

一天,吃早饭时父亲让达瑞去取报纸。美国的送报员总是把报纸从花园篱笆的一个特制的管子里塞进来。假如你想穿着睡衣舒舒服服地吃早饭和看报纸,就必须离开温暖的房间,冒着寒风,到花园去取。虽然路短,但十分麻烦。

当达瑞为父亲取报纸的时候,一个主意诞生了。当天他就按响邻居的门铃,对他们说,每个月只需付给他一美元,他就每天早上把报纸塞到他们的房门底下。大多数人都同意了,很快他有//了七十多个顾客。一个月后,当他拿到自己赚的钱时,觉得自己简直是飞上了天。

很快他又有了新的机会,他让他的顾客每天把垃圾袋放在门前,然后由他早上运到垃圾桶里,每个月加一美元。之后他还想出了许多孩子赚钱的办法,并把它集结成书,书名为《儿童挣钱的二百五十个主意》。

为此，达瑞十二岁时就成了畅销书作家，十五岁有了自己的谈话节目，十七岁就拥有了几百万美元。

（节选自博多·费舍尔《达瑞的故事》）

作品5号

这是入冬以来，胶东半岛上第一场雪。

雪纷纷扬扬，下得很大。开始还伴着一阵儿小雨，不久就只见大片大片的雪花，从彤云密布的天空中飘落下来。地面上一会儿就白了。冬天的山村，到了夜里就万籁俱寂，只听得雪花簌簌地不断往下落，树木的枯枝被雪压断了，偶尔咯吱一声响。

大雪整整下了一夜。今天早晨，天放晴了，太阳出来了。推开门一看，嗬！好大的雪啊！山川、河流、树木、房屋，全都罩上了一层厚厚的雪，万里江山，变成了粉妆玉砌的世界。落光了叶子的柳树上挂满了毛茸茸亮晶晶的银条儿；而那些冬夏常青的松树和柏树上，则挂满了蓬松松沉甸甸的雪球儿。一阵风吹来，树枝轻轻地摇晃，美丽的银条儿和雪球儿簌簌地落下来，玉屑似的雪末儿随风飘扬，映着清晨的阳光，显出一道道五光十色的彩虹。

大街上的积雪足有一尺多深,人踩上去,脚底下发出咯吱咯吱的响声。一群群孩子在雪地里堆雪人,掷雪球儿。那欢乐的叫喊声,把树枝上的雪都震落下来了。

俗话说,"瑞雪兆丰年"。这个话有充分的科学根据,并不是一句迷信的成语。寒冬大雪,可以冻死一部分越冬的害虫;融化了的水渗进土层深处,又能供应//庄稼生长的需要。我相信这一场十分及时的大雪,一定会促进明年春季作物,尤其是小麦的丰收。有经验的老农把雪比做是"麦子的棉被"。冬天"棉被"盖得越厚,明春麦子就长得越好,所以又有这样一句谚语:"冬天麦盖三层被,来年枕着馒头睡。"

我想,这就是人们为什么把及时的大雪称为"瑞雪"的道理吧。

(节选自峻青《第一场雪》)

作品6号

我常想读书人是世间幸福人,因为他除了拥有现实的世界之外,还拥有另一个更为浩瀚也更为丰富的世界。现实的世界是人人都有的,而后一个世界却为读书人所独有。由此我想，那些失去或不能阅读的人是多么的不幸，他们的丧失是不可补偿的。世间有诸多的不平等，财富的不平等，权利的不平等，而阅读能力的拥有或丧失却体现为精神的不平等。

一个人的一生，只能经历自己拥有的那一份欣悦，那一份苦难，也许再加上他亲自闻知的那一些关于自身以外的经历和经验。然而，人们通过阅读，却能进入不同时空的诸多他人的世界。这样，具有阅读能力的人，无形间获得了超越有限生命的无限可能性。阅读不仅使他多识了草木虫鱼之名，而且可以上溯远古下及未来，饱览存在的与非存在的奇风异俗。

更为重要的是，读书加惠于人们的不仅是知识的增广，而且还在于精神的感化与陶冶。人们从读书学做人，从那些往哲先贤以及当代才俊的著述中学得他们的人格。人们从《论语》中学得智慧的思考，从《史记》中学得严肃的历史精神，从《正气歌》中学得人格的刚烈，从马克思学得人世//的激情，从鲁迅学得批判精神，从托尔斯泰学得道德的执着。歌德的诗句刻写着睿智的人生，拜伦的诗句呼唤着奋斗的热情。一个读书人，一个有机会拥有超乎个人生命体验的幸运人。

（节选自谢冕《读书人是幸福人》）

作品7号

一天，爸爸下班回到家已经很晚了，他很累也有点儿烦，他发现五岁的儿子靠在门旁正等着他。

"爸，我可以问您一个问题吗？"

"什么问题？""爸，您一小时可以赚多少钱？""这与你无关，你为什么问这个问题？"父亲生气地说。

"我只是想知道，请告诉我，您一小时赚多少钱？"小孩儿哀求道。"假如你一定要知道的话，我一小时赚二十美金。"

"哦，"小孩儿低下了头，接着又说，"爸，可以借我十美金吗？"父亲发怒了："如果你只是要借钱去买毫无意义的玩具的话，给我回到你的房间睡觉去。好好想想为什么你会那么自私。我每天辛苦工作，没时间和你玩儿小孩子的游戏。"

小孩儿默默地回到自己的房间关上门。

父亲坐下来还在生气。后来，他平静下来了。心想他可能对孩子太凶了——或许孩子真的很想买什

135

么东西,再说他平时很少要过钱。

父亲走进孩子的房间:"你睡了吗?""爸,还没有,我还醒着。"孩子回答。

"我刚才可能对你太凶了,"父亲说。"我不应该发那么大的火儿——这是你要的十美金。""爸,谢谢您。"孩子高兴地从枕头下拿出一些被弄皱的钞票,慢慢地数着。

"为什么你已经有钱了还要?"父亲不解地问。

"因为原来不够,但现在凑够了。"孩子回答:"爸,我现在有//二十美金了,我可以向您买一个小时的时间吗?明天请早一点儿回家——我想和您一起吃晚餐。"

(节选自唐继柳编译《二十美金的价值》)

作品8号

我爱月夜,但我也爱星天。从前在家乡七八月的夜晚在庭院里纳凉的时候,我最爱看天上密密麻麻的繁星。望着星天,我就会忘记一切,仿佛回到了母亲的怀里似的。

三年前在南京我住的地方有一道后门,每晚我打开后门,便看见一个静寂的夜。下面是一片菜园,上//面是星群密布的蓝天。星光在我们的肉眼里虽然微小,然而它使我觉得光明无处不在。那时候我正在读一些天文学的书,也认得一些星星,好像它们就是我的朋友,它们常常在和我谈话一样。

如今在海上,每晚和繁星相对,我把它们认得很熟了。我躺在舱面上,仰望天空。深蓝色的天空里悬着无数半明半昧的星。船在动,星也在动,它们是这样低,真是摇摇欲坠呢!渐渐地我的眼睛模糊了,我好像看见无数萤火虫在我的周围飞舞。海上的夜是柔和的,是静寂的,是梦幻的。我望着许多认识的星,我仿佛看见它们在对我眨眼,我仿佛听见它们在小声说话。这时我忘记了一切。在星的怀抱中我微笑着,我沉睡着。我觉得自己是一个小孩子,现在睡在母亲的怀里了。

有一夜,那个在哥伦波上船的英国人指给我看天上的巨人。他用手指着://那四颗明亮的星是头,下面的几颗是身子,这几颗是手,那几颗是腿和脚,还有三颗星算是腰带。经他这一番指点,我果然看清楚了那个天上的巨人。看,那个巨人还在跑呢!

(节选自巴金《繁星》)

作品9号

假日到河滩上转转,看见许多孩子在放风筝。一根根长长的引线,一头儿系在天上,一头儿系在地上,孩子同风筝都在天与地之间悠荡,连心也被悠荡得恍恍惚惚了,好像又回到了童年。

儿时放的风筝,大多是自己的长辈或家人编扎的,几根削得很薄的篾,用细纱线扎成各种鸟兽的造型,糊上雪白的纸片,再用彩笔勾勒出面孔与翅膀的图案。通常扎得最多的是"老雕""美人儿""花蝴蝶"等。

我们家前院就有位叔叔,擅扎风筝,远近闻名。他扎的风筝不只体形好看,色彩艳丽,放飞得高远,还在风筝上绷一叶用蒲苇削成的膜片,经风一吹,发出"嗡嗡"的声响,仿佛是风筝的歌唱,在蓝天下播扬,给开阔的天地增添了无尽的韵味,给驰荡的童心带来几分疯狂。

我们那条胡同儿的左邻右舍的孩子们放的风筝几乎都是叔叔编扎的。他的风筝不卖钱,谁上门去要,就给谁,他乐意自己贴钱买材料。

后来,这位叔叔去了海外,放风筝也渐与孩子们远离了。不过年年叔叔给家乡写信，总不忘提起儿时的放风筝。香港回归之后，他在家信中说到，他这只被故乡放飞到海外的风筝，尽管飘荡游弋，经沐风雨，可那线头儿一直在故乡和//亲人手中牵着，如今飘得太累了，也该要回归到家乡和亲人身边来了。

是的。我想，不光是叔叔，我们每个人都是风筝，在妈妈手中牵着，从小放到大，再从家乡放到祖国最需要的地方去啊！

（节选自李恒瑞《风筝畅想曲》）

作品10号

爸不懂得怎样表达爱，使我们一家人融洽相处的是我妈。他只是每天上班下班，而妈则把我们做过的错事开列清单，然后由他来责骂我们。

有一次我偷了一块糖果，他要我把它送回去，告诉卖糖的说是我偷来的，说我愿意替他拆箱卸货作为赔偿。但妈妈却明白我只是个孩子。

我在运动场打秋千跌断了腿，在前往医院途中一直抱着我的，是我妈。爸把汽车停在急诊室门口，他们叫他驶开，说那空位是留给紧急车辆停放的。爸听了便叫嚷道："你以为这是什么车？旅游车？"

在我生日会上,爸总是显得有些不大相称。他只是忙于吹气球,布置餐桌,做杂务。把插着蜡烛的蛋糕推过来让我吹的,是我妈。

我翻阅照相册时,人们总是问:"你爸爸是什么样子的?"天晓得!他老是忙着替别人拍照。妈和我笑容可掬地一起拍的照片,多得不可胜数。

我记得妈有一次叫他教我骑自行车。我叫他别放手,但他却说是应该放手的时候了。我摔倒之后,妈跑过来扶我,爸却挥手要她走开。我当时生气极了,决心要给他点儿颜色看。于是我马上爬上自行车,而且自己骑给他看。他只是微笑。

我念大学时,所有的家信都是妈写的。他//除了寄支票外,还寄过一封短柬给我,说因为我不在草坪上踢足球了,所以他的草坪长得很美。

每次我打电话回家,他似乎都想跟我说话,但结果总是说:"我叫你妈来接。"

我结婚时,掉眼泪的是我妈。他只是大声擤了一下鼻子,便走出房间。

我从小到大都听他说:"你到哪里去?什么时候回

140

家？汽车有没有汽油？不，不准去。"爸完全不知道怎样表达爱。除非……

会不会是他已经表达了，而我却未能察觉？

（节选自艾尔玛·邦贝克《父亲的爱》）

作品 11 号

一个大问题一直盘踞在我脑袋里：世界杯怎么会有如此巨大的吸引力？除去足球本身的魅力之外，还有什么超乎其上而更伟大的东西？

近来观看世界杯，忽然从中得到了答案：是由于一种无上崇高的精神情感——国家荣誉感！

地球上的人都会有国家的概念，但未必时时都有国家的感情。往往人到异国，思念家乡，心怀故国，这国家概念就变得有血有肉，爱国之情来得非常具体。而现代社会，科技昌达，信息快捷，事事上网，世界真是太小太小，国家的界限似乎也不那么清晰了。再说足球正在快速世界化，平日里各国球员频繁转会，往来随意，致使越来越多的国家联赛都具有国际的因素。球员们不论国籍，只效力于自己的俱乐部，他们比赛时的激情中完全没有爱国主义的因子。

141

然而，到了世界杯大赛，天下大变。各国球员都回国效力，穿上与光荣的国旗同样色彩的服装。在每一场比赛前，还高唱国歌以宣誓对自己祖国的挚爱与忠诚。一种血缘情感开始在全身的血管里燃烧起来，而且立刻热血沸腾。

在历史时代，国家间经常发生对抗，好男儿戎装卫国。国家的荣誉往往需要以自己的生命去换//取。但在和平时代，惟有这种国家之间大规模对抗性的大赛，才可以唤起那种遥远而神圣的情感，那就是："为祖国而战！"

(节选自冯骥才《国家荣誉感》)

作品12号

夕阳落山不久，西方的天空，还燃烧着一片橘红色的晚霞。大海，也被这霞光染成了红色，而且比天空的景色更要壮观。因为它是活动的，每当一排排波浪涌起的时候，那映照在浪峰上的霞光，又红又亮，简直就像一片片霍霍燃烧着的火焰，闪烁着，消失了。而后面的一排，又闪烁着，滚动着，涌了过来。

天空的霞光渐渐地淡下去了,深红的颜色变成了绯红,绯红又变为浅红。最后,当这一切红光都消失了的时候,那突然显得高而远了的天空,则呈现出一片肃穆的神色。最早出现的启明星,在这蓝色的天幕上闪烁起来了。它是那么大,那么亮,整个广漠的天幕上只有它在那里放射着令人注目的光辉,活像一盏悬挂在高空的明灯。

夜色加浓,苍空中的"明灯"越来越多了。而城市各处的真的灯火也次第亮了起来,尤其是围绕在海港周围山坡上的那一片灯光,从半空倒映在乌蓝的海面上,随着波浪,晃动着,闪烁着,像一串流动着的珍珠,和那一片片密布在苍穹里的星斗互相辉映,煞是好看。

在这幽美的夜色中,我踏着软绵绵的沙滩,沿着海边,慢慢地向前走去。海水,轻轻地抚摸着细软的沙滩,发出温柔的//刷刷声。晚来的海风,清新而又凉爽。我的心里,有着说不出的兴奋和愉快。

夜风轻飘飘地吹拂着,空气中飘荡着一种大海和田禾相混合的香味儿,柔软的沙滩上还残留着

143

白天太阳炙晒的余温。那些在各个工作岗位上劳动了一天的人们,三三两两地来到这软绵绵的沙滩上,他们浴着凉爽的海风,望着那缀满了星星的夜空,尽情地说笑,尽情地休憩。

(节选自峻青《海滨仲夏夜》)

作品13号

生命在海洋里诞生绝不是偶然的,海洋的物理和化学性质,使它成为孕育原始生命的摇篮。

我们知道,水是生物的重要组成部分,许多动物组织的含水量在百分之八十以上,而一些海洋生物的含水量高达百分之九十五。水是新陈代谢的重要媒介,没有它,体内的一系列生理和生物化学反应就无法进行,生命也就停止。因此,在短时期内动物缺水要比缺少食物更加危险。水对今天的生命是如此重要,它对脆弱的原始生命,更是举足轻重了。生命在海洋里诞生,就不会有缺水之忧。

水是一种良好的溶剂。海洋中含有许多生命所必需的无机盐,如氯化钠、氯化钾、碳酸盐、磷酸盐,还有溶解氧,原始生命可以毫不费力地从中吸取它所需要的元素。

水具有很高的热容量,加之海洋浩大,任凭夏季烈日曝晒,冬季寒风扫荡,它的温度变化却比较小。因此,巨大的海洋就像是天然的"温箱",是孕育原始生命的温床。

阳光虽然为生命所必需,但是阳光中的紫外线却有扼杀原始生命的危险。水能有效地吸收紫外线,因而又为原始生命提供了天然的"屏障"。

这一切都是原始生命得以产生和发展的必要条件。//

(节选自童裳亮《海洋与生命》)

作品 14 号

读小学的时候,我的外祖母去世了。外祖母生前最疼爱我,我无法排除自己的忧伤,每天在学校的操场上一圈儿又一圈儿地跑着,跑得累倒在地上,扑在草坪上痛哭。

那哀痛的日子,断断续续地持续了很久,爸爸妈妈也不知道如何安慰我。他们知道与其骗我说外祖母睡着了,还不如对我说实话:外祖母永远不会回来了。

145

"什么是永远不会回来呢?"我问着。

"所有时间里的事物,都永远不会回来。你的昨天过去,它就永远变成昨天,你不能再回到昨天。爸爸以前也和你一样小,现在也不能回到你这么小的童年了;有一天你会长大,你会像外祖母一样老;有一天你度过了你的时间,就永远不会回来了。"爸爸说。

爸爸等于给我一个谜语,这谜语比课本上的"日历挂在墙壁,一天撕去一页,使我心里着急"和"一寸光阴一寸金,寸金难买寸光阴"还让我感到可怕;也比作文本上的"光阴似箭,日月如梭"更让我觉得有一种说不出的滋味。

时间过得那么飞快,使我的小心眼儿里不只是着急,还有悲伤。有一天我放学回家,看到太阳快落山了,就下决心说:"我要比太阳更快地回家。"我狂奔回去,站在庭院前喘气的时候,看到太阳//还露着半边脸,我高兴地跳跃起来,那一天我跑赢了太阳。以后我就时常做那样的游戏,有时和太阳赛跑,有时和西北风比快,有时一个暑假才能做完的作业,我十天就做完了;那时我三年级,常常把哥哥五年级的作业拿来做。每一次比赛胜过时间,我就快乐得不知道怎么形容。

如果将来我有什么要教给我的孩子,我会告诉他:假若你一直和时间比赛,你就可以成功!

(节选自林清玄《和时间赛跑》)

作品15号

三十年代初,胡适在北京大学任教授。讲课时他常常对白话文大加称赞,引起一些只喜欢文言文而不喜欢白话文的学生的不满。

一次,胡适正讲得得意的时候,一位姓魏的学生突然站了起来,生气地问:"胡先生,难道说白话文就毫无缺点吗?"胡适微笑着回答说:"没有。"那位学生更加激动了:"肯定有!白话文废话太多,打电报用字多,花钱多。"胡适的目光顿时变亮了。轻声地解释说:"不一定吧!前几天有位朋友给我打来电报,请我去政府部门工作,我决定不去,就回电拒绝了。复电是用白话写的,看来也很省字。请同学们根据我这个意思,用文言文写一个回电,看看究竟是白话文省字,还是文言文省字?"胡教授刚说完,同学们立刻认真地写了起来。

十五分钟过去,胡适让同学举手,报告用字的数目,然后挑了一份用字最少的文言电报稿,电文是这样写的:

"才疏学浅,恐难胜任,不堪从命。"白话文的意思是:学问不深,恐怕很难担任这个工作,不能服从安排。

胡适说,这份写得确实不错,仅用了十二个字。但我的白话电报却只用了五个字:

"干不了,谢谢!"

胡适又解释说:"'干不了'就有才疏学浅、恐难胜任的意思;'谢谢'既//对朋友的介绍表示感谢,又有拒绝的意思。所以,废话多不多,并不看它是文言文还是白话文,只要注意选用字词,白话文是可以比文言文更省字的。"

(节选自《胡适的白话电报》)

作品16号

很久以前,在一个漆黑的秋天的夜晚,我泛舟在西伯利亚一条阴森森的河上。船到一个转弯处,只见前面黑黢黢的山峰下面一星火光蓦//地一闪。

火光又明又亮,好像就在眼前……

"好啦,谢天谢地!"我高兴地说,"马上就到过夜的地方啦!"

船夫扭头朝身后的火光望了一眼,又不以为然地划起桨来。

"远着呢!"

我不相信他的话,因为火光冲破朦胧的夜色,明明在那儿闪烁。不过船夫是对的,事实上,火光的确还远着呢。

这些黑夜的火光的特点是:驱散黑暗,闪闪发亮,近在眼前,令人神往。乍一看,再划几下就到了……其实却还远着呢!……

我们在漆黑如墨的河上又划了很久。一个个峡谷和悬崖,迎面驶来,又向后移去,仿佛消失在茫茫的远方,而火光却依然停在前头,闪闪发亮,令人神往——依然是这么近,又依然是那么远……

现在,无论是这条被悬崖峭壁的阴影笼罩的漆黑的河流,还是那一星明亮的火光,都经常浮现在我的脑际,在这以前和在这以后,曾有许多火光,似乎近在咫尺,不止使我一人心驰神往。可是生活之河却仍然在那阴森森的两岸之间流着,而火光也依旧非常遥远。因此,必须加劲划桨……

然而,火光啊……毕竟……毕竟就//在前头!……

（节选自柯罗连科《火光》）

作品17号

对于一个在北平住惯的人,像我,冬天要是不刮风,便觉得是奇迹;济南的冬天是没有风声的。对于一个刚由伦敦回来的人,像我,冬天要能看得见日光,便觉得是怪事;济南的冬天是响晴的。自然,在热带的地方,日光永远是那么毒,响亮的天气,反有点儿叫人害怕。可是,在北方的冬天,而能有温晴的天气,济南真得算个宝地。

设若单单是有阳光,那也算不了出奇。请闭上眼睛想:一个老城,有山有水,全在天底下晒着阳光,暖和安适地睡着,只等春风来把它们唤醒,这是不是理想的境界?小山整把济南围了个圈儿,只有北边缺着点口儿。这一圈小山在冬天特别可爱,好像是把济南放在一个小摇篮里,它们安静不动地低声地说:"你们放心吧,这儿准保暖和。"真的,济南的人们在冬天是面上含笑的。他们一看那些小山,心中便觉得有了着落,有了依靠。他们由天上看到山上,便不知不觉地想起:明天也许就是春天了吧?这样的温暖,今天夜里山草也许就绿起来了吧?就是这点儿幻想不能一时实现,他们也并不着急,因为这样慈善的冬天,干什么还希望别的呢!

最妙的是下点儿小雪呀。看吧,山上的矮松越发的青黑,树尖儿上//顶着一髻儿白花,好像日本看护妇。山尖儿全白了,给蓝天镶上一道银边儿。山坡上,有的地方雪厚点儿,有的地方草色还露着;这样,一道儿白,一道儿暗黄,给山们穿上一件带水纹儿的花衣;看着看着,这件花衣好像被风儿吹动,叫你希望看见一点儿更美的山的肌肤。等到快日落的时候,微黄的阳光斜射在山腰上,那点儿薄雪好像忽然害羞,微微露出点儿粉色。就是下小雪吧,济南是受不住大雪的,那些小山太秀气。

(节选自老舍《济南的冬天》)

作品18号

纯朴的家乡村边有一条河,曲曲弯弯,河中架一弯石桥,弓样的小桥横跨两岸。

每天,不管是鸡鸣晓月,日丽中天,还是月华泻地,小桥都印下串串足迹,洒落串串汗珠。那是乡亲为了追求多棱的希望,兑现美好的遐想。弯弯小桥,不时荡过轻吟低唱,不时露出舒心的笑容。

因而,我稚小的心灵,曾将心声献给小桥:你是一弯银色的新月,给人间普照光辉;你是一把闪亮的镰刀,割刈着欢笑的花果;你是一根晃悠悠的扁担,挑起了彩色的明天!哦,小桥走进我的梦中。

我在飘泊他乡的岁月,心中总涌动着故乡的河水,梦中总看到弓样的小桥。当我访南疆探北国,眼帘闯进座座雄伟的长桥时,我的梦变得丰满了,增添了赤橙黄绿青蓝紫。

三十多年过去,我带着满头霜花回到故乡,第一紧要的便是去看望小桥。

啊!小桥呢?它躲起来了?河中一道长虹,浴着朝霞熠熠闪光。哦,雄浑的大桥敞开胸怀,汽车的呼啸、摩托的笛音、自行车的叮铃,合奏着进行交响乐;南来的钢筋、花布,北往的柑橙、家禽,绘出交流欢悦图⋯⋯

啊!蜕变的桥,传递了家乡进步的消息,透露了家乡富裕的声音。时代的春风,美好的追求,我蓦地记起儿时唱//给小桥的歌,哦,明艳艳的太阳照耀了,芳香甜蜜的花果捧来了,五彩斑斓的岁月拉开了!

我心中涌动的河水,激荡起甜美的浪花。我仰望一碧蓝天,心底轻声呼喊:家乡的桥啊,我梦中的桥!

(节选自郑莹《家乡的桥》)

作品 19 号

三百多年前,建筑设计师莱伊恩受命设计了英国温泽市政府大厅。他运用工程力学的知识,依据自己多年的实践,巧妙地设计了只用一根柱子支撑的大厅天花板。一年以后,市政府权威人士进行工程验收时,却说只用一根柱子支撑天花板太危险,要求莱伊恩再多加几根柱子。

莱伊恩自信只要一根坚固的柱子足以保证大厅安全,他的"固执"惹恼了市政官员,险些被送上法庭。

他非常苦恼,坚持自己原先的主张吧,市政官员肯定会另找人修改设计;不坚持吧,又有悖自己为人的准则。矛盾了很长一段时间,莱伊恩终于想出了一条妙计,他在大厅里增加了四根柱子,不过这些柱子并未与天花板接触,只不过是装装样子。

三百多年过去了,这个秘密始终没有被人发现。直到前两年,市政府准备修缮大厅的天花板,才发现莱伊恩当年的"弄虚作假"。消息传出后,世界各国的建筑专家和游客云集,当地政府对此也不加掩饰,在新世纪到来之际,特意将大厅作为一个旅游景点对外开放,旨在引导人们崇尚和相信科学。

作为一名建筑师,莱伊恩并不是最出色的。但作为一个人,他无疑非常伟大,这种//伟大表现在他始终恪守着自己的原则,给高贵的心灵一个美丽的住所,哪怕是遭遇到最大的阻力,也要想办法抵达胜利。

(节选自游宇明《坚守你的高贵》)

作品20号

自从传言有人在萨文河畔散步时无意发现了金子后,这里便常有来自四面八方的淘金者。他们都想成为富翁,于是寻遍了整个河床,还在河床上挖出很多大坑,希望借助它们找到更多的金子。的确,有一些人找到了,但另外一些人因为一无所得而只好扫兴归去。

也有不甘心落空的,便驻扎在这里,继续寻找。彼得·弗雷特就是其中一员。他在河床附近买了一块没人要的土地,一个人默默地工作。他为了找金子,已把所有的钱都押在这块土地上。他埋头苦干了几个月,直到土地全变成了坑坑洼洼,他失望了——他翻遍了整块土地,但连一丁点儿金子都没看见。

六个月后,他连买面包的钱都没有了。于是他准备离开这儿到别处去谋生。

就在他即将离去的前一个晚上,天下起了倾盆大雨,并且一下就是三天三夜。雨终于停了,彼得走出小木屋,发现眼前的土地看上去好像和以前不一样:坑坑洼洼已被大水冲刷平整,松软的土地上长出一层绿茸茸的小草。

"这里没找到金子,"彼得忽有所悟地说,"但这土地很肥沃,我可以用来种花,并且拿到镇上去卖给那

155

些富人,他们一定会买些花装扮他们华丽的客厅。//如果真是这样的话,那么我一定会赚许多钱,有朝一日我也会成为富人……"

于是他留了下来。彼得花了不少精力培育花苗,不久田地里长满了美丽娇艳的各色鲜花。

五年以后,彼得终于实现了他的梦想——成了一个富翁。"我是唯一的一个找到真金的人!"他时常不无骄傲地告诉别人,"别人在这儿找不到金子后便远远地离开,而我的'金子'是在这块土地里,只有诚实的人用勤劳才能采集到。"

(节选自陶猛译《金子》)

作品 21 号

我在加拿大学习期间遇到过两次募捐,那情景至今使我难以忘怀。

一天,我在渥太华的街上被两个男孩子拦住去路。他们十来岁,穿得整整齐齐,每人头上戴着个做工精巧、色彩鲜艳的纸帽,上面写着"为帮助患小儿麻痹的伙伴募捐"。其中的一个,不由分说就坐在小凳上给我擦起皮鞋来,另一个则彬彬有礼地发问:"小姐,您是哪国人？喜欢渥太华吗？""小姐，在你们国家有没有小孩儿患小儿麻痹？谁给他们医疗费？"一连串的问题，使我这个有生以来头一次在众目睽睽之下让别人擦鞋的异乡人，从近乎狼狈的窘态中解脱出来。我们像朋友一样聊起天儿来……

几个月之后，也是在街上。一些十字路口处或车站坐着几位老人。他们满头银发，身穿各种老式军装，上面布满了大大小小形形色色的徽章、奖章，每人手捧一大束鲜花，有水仙、石竹、玫瑰及叫不出名字的，一色雪白。匆匆过往的行人纷纷止步，把钱投进这些老人身旁的白色木箱内，然后向他们微微鞠躬，从他们手中接过一朵花。我看了一会儿，有人投一两元，有人投几百元，还有人掏出支票填好后投进木箱。那些老军人毫不注意人们捐多少钱，一直不//停地向人们低声道谢。同行的朋友告诉我，这是为纪念二次大战中参战的勇士,募捐救济残废军人和烈士遗孀，每年一次；认捐的人可谓踊跃，而且秩序井然，气氛庄严。有些地方，人们还耐心地排着队。我想，这是因为他们都知道：正是这些老人们的流血牺牲换来了包括他们信仰自由在内的许许多多。

我两次把那微不足道的一点儿钱捧给他们，只想对他们说声"谢谢"。

(节选自青白《捐诚》)

作品 22 号

没有一片绿叶，没有一缕炊烟，没有一粒泥土，没有一丝花香，只有水的世界，云的海洋。

一阵台风袭过，一只孤单的小鸟无家可归，落到被卷到洋里的木板上，乘流而下，姗姗而来，近了，近了！……

忽然，小鸟张开翅膀，在人们头顶盘旋了几圈儿，"噗啦"一声落到了船上。许是累了？还是发现了"新大陆"？水手撵它它不走，抓它，它乖乖地落在掌心。可爱的小鸟和善良的水手结成了朋友。

瞧，它多美丽，娇巧的小嘴，啄理着绿色的羽毛，鸭子样的扁脚，呈现出春草的鹅黄。水手们把它带到舱里，给它"搭铺"，让它在船上安家落户，每天，把分到的一塑料筒淡水匀给它喝，把从祖国带来的鲜美的鱼肉分给它吃，天长日久，小鸟和水手的感情日趋笃厚。清晨，当第一束阳光射进舷窗时，它便敞开美丽的歌喉，唱啊唱，嘤嘤有韵，宛如春水淙淙。人类给它以生命，它毫不悭吝地把自己的艺术青春奉献给了哺育它的人。可能都是这样？艺术家们的青春只会献给尊敬他们的人。

小鸟给远航生活蒙上了一层浪漫色调。返航时，人们爱不释手，恋恋不舍地想把它带到异乡。可小鸟憔悴了，给水，不喝！喂肉，不吃！油亮的羽毛失去了光泽。是啊，我//们有自己的祖国，小鸟也有它的归宿，人和动物都是一样啊，哪儿也不如故乡好！

慈爱的水手们决定放开它，让它回到大海的摇篮去，回到蓝色的故乡去。离别前，这个大自然的朋友与水手们留影纪念。它站在许多人的头上，肩上，掌上，胳膊上，与喂养过它的人们，一起融进那蓝色的画面……

（节选自王文杰《可爱的小鸟》）

作品23号

纽约的冬天常有大风雪，扑面的雪花不但令人难以睁开眼睛，甚至呼吸都会吸入冰冷的雪花。有时前

159

一天晚上还是一片晴朗,第二天拉开窗帘,却已经积雪盈尺,连门都推不开了。

遇到这样的情况,公司、商店常会停止上班,学校也通过广播,宣布停课。但令人不解的是,惟有公立小学,仍然开放。只见黄色的校车,艰难地在路边接孩子,老师则一大早就口中喷着热气,铲去车子前后的积雪,小心翼翼地开车去学校。

据统计,十年来纽约的公立小学只因为超级暴风雪停过七次课。这是多么令人惊讶的事。犯得着在大人都无须上班的时候让孩子去学校吗?小学的老师也太倒霉了吧?

于是,每逢大雪而小学不停课时,都有家长打电话去骂。妙的是,每个打电话的人,反应全一样——先是怒气冲冲地责问,然后满口道歉,最后笑容满面地挂上电话。原因是,学校告诉家长:

在纽约有许多百万富翁,但也有不少贫困的家庭。后者白天开不起暖气,供不起午餐,孩子的营养全靠学校里免费的中饭,甚至可以多拿些回家当晚餐。学校停课一天,穷孩子就受一天冻,挨一天饿,所以老师们宁愿自己苦一点儿,也不能停//课。

或许有家长会说:何不让富裕的孩子在家里,让贫穷的孩子去学校享受暖气和营养午餐呢?

学校的答复是:我们不愿让那些穷苦的孩子感到他们是在接受救济,因为施舍的最高原则是保持受施者的尊严。

(节选自刘墉《课不能停》)

作品 24 号

十年,在历史上不过是一瞬间。只要稍加注意,人们就会发现:在这一瞬间里,各种事物都悄悄经历了自己的千变万化。

这次重新访日,我处处感到亲切和熟悉,也在许多方面发觉了日本的变化。就拿奈良的一个角落来说吧,我重游了为之感受很深的唐招提寺,在寺内各处匆匆走了一遍,庭院依旧,但意想不到还看到了一些新的东西。其中之一,就是近几年从中国移植来的"友谊之莲"。

在存放鉴真遗像的那个院子里,几株中国莲昂然挺立,翠绿的宽大荷叶正迎风而舞,显得十分愉快。

开花的季节已过,荷花朵朵已变为莲蓬累累。莲子的颜色正在由青转紫,看来已经成熟了。

我禁不住想:"因"已转化为"果"。

中国的莲花开在日本,日本的樱花开在中国,这不是偶然。我希望这样一种盛况延续不衰。可能有人不欣赏花,但决不会有人欣赏落在自己面前的炮弹。

在这些日子里,我看到了不少多年不见的老朋友,又结识了一些新朋友。大家喜欢涉及的话题之一,就是古长安和古奈良。那还用得着问吗,朋友们缅怀过去,正是瞩望未来。瞩目于未来的人们必将获得未来。

我不例外,也希望一个美好的未来。

为//了中日人民之间的友谊,我将不浪费今后生命的每一瞬间。

(节选自严文井《莲花和樱花》)

作品25号

梅雨潭闪闪的绿色招引着我们,我们开始追捉她那离合的神光了。揪着草,攀着乱石,小心探身下去,又鞠躬过了一个石穹门,便到了汪汪一碧的潭边了。

瀑布在襟袖之间,但是我的心中已没有瀑布了。我的心随潭水的绿而摇荡。那醉人的绿呀!仿佛一张极大极大的荷叶铺着,满是奇异的绿呀。我想张开两臂抱住她,但这是怎样一个妄想啊。

站在水边,望到那面,居然觉着有些远呢!这平铺着、厚积着的绿,着实可爱。她松松地皱缬着,像少妇拖着的裙幅;她滑滑的明亮着,像涂了"明油"一般,有鸡蛋清那样软,那样嫩;她又不杂些尘滓,宛然一块温润的碧玉,只清清的一色——但你却看不透她!我曾见过北京什刹海拂地的绿杨,脱不了鹅黄的底子,似乎太淡了。我又曾见过杭州虎跑寺近旁高峻而深密的"绿壁",丛叠着无穷的碧草与绿叶的,那又似乎太浓了。其余呢,西湖的波太明了,秦淮河的也太暗了。可爱的,我将什么来比拟你呢?我怎么比拟得出呢?大约潭是很深的,故能蕴蓄着这样奇异的绿;仿佛蔚蓝的天融了一块在里面似的,这才这般的鲜润啊。那醉人的绿呀!我若能裁你以为带,我将赠给那轻盈的//舞女,她必能临风飘举了。我若能挹你以为眼,我

163

将赠给那善歌的盲妹,她必明眸善睐了。我舍不得你,我怎舍得你呢?我用手拍着你,抚摩着你,如同一个十二三岁的小姑娘。我又掬你入口,便是吻着她了。我送你一个名字,我从此叫你"女儿绿",好吗?

第二次到仙岩的时候,我不禁惊诧于梅雨潭的绿了。

(节选自朱自清《绿》)

作品 26 号

我们家的后园有半亩空地,母亲说:"让它荒着怪可惜的,你们那么爱吃花生,就开辟出来种花生吧。"我们姐弟几个都很高兴,买种,翻地,播种,浇水,没过几个月,居然收获了。

母亲说:"今晚我们过一个收获节,请你们父亲也来尝尝我们的新花生,好不好?"我们都说好。母亲把花生做成了好几样食品,还吩咐就在后园的茅亭里过这个节。

晚上天色不太好,可是父亲也来了,实在很难得。

父亲说:"你们爱吃花生吗?"

我们争着答应:"爱!"

"谁能把花生的好处说出来?"

姐姐说:"花生的味美。"

哥哥说:"花生可以榨油。"

我说:"花生的价钱便宜,谁都可以买来吃,都喜欢吃。这就是它的好处。"

父亲说:"花生的好处很多,有一样最可贵:它的果实埋在地里,不像桃子、石榴、苹果那样,把鲜红嫩绿的果实高高地挂在枝头上,使人一见就生爱慕之心。你们看它矮矮地长在地上,等到成熟了,也不能立刻分辨出来它有没有果实,必须挖出来才知道。"

我们都说是,母亲也点点头。

父亲接下去说:"所以你们要像花生,它虽然不好看,可是很有用,不是外表好看而没有实用的东西。"

我说:"那么,人要做有用的人,不要做只讲体面,而对别人没有好处的人了。"//

父亲说:"对。这是我对你们的希望。"

我们谈到夜深才散。花生做的食品都吃完了,父亲的话却深深地印在我的心上。

(节选自许地山《落花生》)

作品 27 号

我打猎归来,沿着花园的林荫路走着。狗跑在我前边。

突然,狗放慢脚步,蹑足潜行,好像嗅到了前边有什么野物。

我顺着林荫路望去,看见了一只嘴边还带黄色、头上生着柔毛的小麻雀。风猛烈地吹打着林荫路上的白桦树,麻雀从巢里跌落下来,呆呆地伏在地上,孤立无援地张开两只羽毛还未丰满的小翅膀。

我的狗慢慢向它靠近。忽然,从附近一棵树上飞下一只黑胸脯的老麻雀,像一颗石子似的落到狗的跟前。老麻雀全身倒竖着羽毛,惊恐万状,发出绝望、凄惨的叫声,接着向露出牙齿、大张着的狗嘴扑去。

老麻雀是猛扑下来救护幼雀的。它用身体掩护着自己的幼儿……但它整个小小的身体因恐怖而战栗着,它小小的声音也变得粗暴嘶哑,它在牺牲自己!

在它看来,狗该是多么庞大的怪物啊!然而,它还是不能站在自己高高的、安全的树枝上……一种比它的理智更强烈的力量,使它从那儿扑下身来。

我的狗站住了,向后退了退……看来,它也感到了这种力量。

我赶紧唤住惊慌失措的狗,然后我怀着崇敬的心情,走开了。

是啊,请不要见笑。我崇敬那只小小的、英勇的鸟儿,我崇敬它那种爱的冲动和力量。

爱,我//想,比死和死的恐惧更强大。只有依靠它,依靠这种爱,生命才能维持下去,发展下去。

(节选自屠格涅夫《麻雀》)

作品 28 号

那年我六岁。离我家仅一箭之遥的小山坡旁,有一个早已被废弃的采石场,双亲从来不准我去那儿,其实那儿风景十分迷人。

一个夏季的下午,我随着一群小伙伴偷偷上那儿去了。就在我们穿越了一条孤寂的小路后,他们却把我一个人留在原地,然后奔向"更危险的地带"了。

等他们走后,我惊慌失措地发现,再也找不到要回家的那条孤寂的小道了。像只无头的苍蝇,我到处乱钻,衣裤上挂满了芒刺。太阳已经落山,而此时此刻,家里一定开始吃晚餐了,双亲正盼着我回家……想着想着,我不由得背靠着一棵树,伤心地呜呜大哭起来……

突然,不远处传来了声声柳笛。我像找到了救星,急忙循声走去。一条小道边的树桩上坐着一位吹笛人,手里还正削着什么。走近细看,他不就是被大家称为"乡巴佬儿"的卡廷吗?

"你好,小家伙儿,"卡廷说,"看天气多美,你是出来散步的吧?"

我怯生生地点点头,答道:"我要回家了。"

"请耐心等上几分钟,"卡廷说,"瞧,我正在削一支柳笛,差不多就要做好了,完工后就送给你吧!"

卡廷边削边不时把尚未成形的柳笛放在嘴里试吹一下。没过多久,一支柳笛便递到我手中。我俩在一阵阵清脆悦耳的笛音//中,踏上了归途……

当时,我心中只充满感激,而今天,当我自己也成了祖父时,却突然领悟到他用心之良苦!那天当他听到我的哭声时,便判定我一定迷了路,但他并不想在孩子面前扮演"救星"的角色,于是吹响柳笛以便让我能发现他,并跟着他走出困境!就这样,卡廷先生以乡下人的纯朴,保护了一个小男孩儿强烈的自尊。

(节选自唐若水译《迷途笛音》)

作品 29 号

在浩瀚无垠的沙漠里,有一片美丽的绿洲,绿洲里藏着一颗闪光的珍珠。这颗珍珠就是敦煌莫高窟。它坐落在我国甘肃省敦煌市三危山和鸣沙山的怀抱中。

鸣沙山东麓是平均高度为十七米的崖壁。在一千六百多米长的崖壁上,凿有大小洞窟七百余个,形成了规模宏伟的石窟群。其中四百九十二个洞窟中,共有彩色塑像两千一百余尊,各种壁画共四万五千多平方米。莫高窟是我国古代无数艺术匠师留给人类的珍贵文化遗产。

莫高窟的彩塑,每一尊都是一件精美的艺术品。最大的有九层楼那么高,最小的还不如一个手掌大。这些彩塑个性鲜明,神态各异。有慈眉善目的菩萨,有威风凛凛的天王,还有强壮勇猛的力士……

莫高窟壁画的内容丰富多彩，有的是描绘古代劳动人民打猎、捕鱼、耕田、收割的情景，有的是描绘人们奏乐、舞蹈、演杂技的场面，还有的是描绘大自然的美丽风光。其中最引人注目的是飞天。壁画上的飞天，有的臂挎花篮，采摘鲜花；有的反弹琵琶，轻拨银弦；有的倒悬身子，自天而降；有的彩带飘拂，漫天遨游；有的舒展着双臂，翩翩起舞。看着这些精美动人的壁画，就像走进了//灿烂辉煌的艺术殿堂。

莫高窟里还有一个面积不大的洞窟——藏经洞。洞里曾藏有我国古代的各种经卷、文书、帛画、刺绣、铜像等共六万多件。由于清朝政府腐败无能，大量珍贵的文物被外国强盗掠走。仅存的部分经卷，现在陈列于北京故宫等处。

莫高窟是举世闻名的艺术宝库。这里的每一尊彩塑、每一幅壁画、每一件文物，都是中国古代人民智慧的结晶。

（节选自小学《语文》第六册《莫高窟》）

作品30号

其实你在很久以前并不喜欢牡丹，因为它总被人作为富贵膜拜。后来你目睹了一次牡丹的落花,你相信所有的人都会为之感动:一阵清风徐来,娇艳鲜嫩的盛期牡丹忽然整朵整朵地坠落,铺撒一地绚丽的花瓣。那花瓣落地时依然鲜艳夺目,如同一只奉上祭坛的大鸟脱落的羽毛,低吟着壮烈的悲歌离去。

牡丹没有花谢花败之时,要么烁于枝头,要么归于泥土,它跨越萎顿和衰老,由青春而死亡,由美丽而消遁。它虽美却不吝惜生命,即使告别也要展示给人最后一次的惊心动魄。

所以在这阴冷的四月里,奇迹不会发生。任凭游人扫兴和诅咒,牡丹依然安之若素。它不苟且、不俯就、不妥协、不媚俗,甘愿自己冷落自己。它遵循自己的花期自己的规律,它有权利为自己选择每年一度的盛大节日。它为什么不拒绝寒冷?

天南海北的看花人,依然络绎不绝地涌入洛阳城。人们不会因牡丹的拒绝而拒绝它的美。如果它再被贬谪十次,也许它就会繁衍出十个洛阳牡丹城。

于是你在无言的遗憾中感悟到,富贵与高贵只是一字之差。同人一样,花儿也是有灵性的,更有品位之高低。

品位这东西为气为魂为//筋骨为神韵,只可意会。你叹服牡丹卓而不群之姿,方知品位是多么容易被世人忽略或是漠视的美。

(节选自张抗抗《牡丹的拒绝》)

作品31号

森林涵养水源,保持水土,防止水旱灾害的作用非常大。据专家测算,一片十万亩面积的森林,相当于一个两百万立方米的水库,这正如农谚所说的:"山上多栽树,等于修水库。雨多它能吞,雨少它能吐。"

说起森林的功劳,那还多得很。它除了为人类提供木材及许多种生产、生活的原料之外,在维护生态环境方面也是功劳卓著,它用另一种"能吞能吐"的特殊功能孕育了人类。因为地球在形成之初,大气中的二氧化碳含量很高,氧气很少,气温也高,生物是难以生存的。大约在四亿年之前,陆地才产生了森林。森林慢慢将大气中的二氧化碳吸收,同时吐出新鲜氧气,调节气温:这才具备了人类生存的条件,地球上才最终有了人类。

森林,是地球生态系统的主体,是大自然的总调度室,是地球的绿色之肺。森林维护地球生态环境的这种"能吞能吐"的特殊功能是其他任何物体都不能取代的。然而,由于地球上的燃烧物增多,二氧化碳的排放量急剧增加,使得地球生态环境急剧恶化,主要表现为全球气候变暖,水分蒸发加快,改变了气流的循环,使气候变化加剧,从而引发热浪、飓风、暴雨、洪涝及干旱。

为了//使地球的这个"能吞能吐"的绿色之肺恢复健壮,以改善生态环境,抑制全球变暖,减少水旱等自然灾害,我们应该大力造林、护林,使每一座荒山都绿起来。

(节选自《"能吞能吐"的森林》)

作品 32 号

朋友即将远行。

暮春时节,又邀了几位朋友在家小聚。虽然都是极熟的朋友,却是终年难得一见,偶尔电话里相遇,也无非是几句寻常话。一锅小米稀饭,一碟大头菜,一盘自家酿制的泡菜,一只巷口买回的烤鸭,简简单单,不像

173

请客,倒像家人团聚。

其实,友情也好,爱情也好,久而久之都会转化为亲情。

说也奇怪,和新朋友会谈文学、谈哲学、谈人生道理等等,和老朋友却只话家常,柴米油盐,细细碎碎,种种琐事。很多时候,心灵的契合已经不需要太多的言语来表达。

朋友新烫了个头,不敢回家见母亲,恐怕惊骇了老人家,却欢天喜地来见我们,老朋友颇能以一种趣味性的眼光欣赏这个改变。

年少的时候,我们差不多都在为别人而活,为苦口婆心的父母活,为循循善诱的师长活,为许多观念、许多传统的约束力而活。年岁逐增,渐渐挣脱外在的限制与束缚,开始懂得为自己活,照自己的方式做一些自己喜欢的事,不在乎别人的批评意见,不在乎别人的诋毁流言,只在乎那一份随心所欲的舒坦自然。偶尔,也能够纵容自己放浪一下,并且有一种恶作剧的窃喜。

就让生命顺其自然,水到渠成吧,犹如窗前

的//乌桕,自生自落之间,自有一份圆融丰满的喜悦。春雨轻轻落着,没有诗,没有酒,有的只是一份相知相属的自在自得。

夜色在笑语中渐渐沉落,朋友起身告辞,没有挽留,没有送别,甚至也没有问归期。

已经过了大喜大悲的岁月,已经过了伤感流泪的年华,知道了聚散原来是这样的自然和顺理成章,懂得这点,便懂得珍惜每一次相聚的温馨,离别便也欢喜。

(节选自杏林子《朋友和其他》)

作品33号

我们在田野散步:我,我的母亲,我的妻子和儿子。母亲本不愿出来的。她老了,身体不好,走远一点儿就觉得很累。我说,正因为如此,才应该多走走。母亲信服地点点头,便去拿外套。她现在很听我的话,就像我小时候很听她的话一样。

这南方初春的田野,大块小块的新绿随意地铺着,有的浓,有的淡,树上的嫩芽也密了,田里的冬水也咕咕地起着水泡。这一切都使人想着一样东西——

生命。

我和母亲走在前面,我的妻子和儿子走在后面。小家伙突然叫起来:"前面是妈妈和儿子,后面也是妈妈和儿子。"我们都笑了。

后来发生了分歧:母亲要走大路,大路平顺;我的儿子要走小路,小路有意思。不过,一切都取决于我。我的母亲老了,她早已习惯听从她强壮的儿子;我的儿子还小,他还习惯听从他高大的父亲;妻子呢,在外面,她总是听我的。一霎时我感到了责任的重大。我想找一个两全的办法,找不出;我想拆散一家人,分成两路,各得其所,终不愿意。我决定委屈儿子,因为我伴同他的时日还长。我说:"走大路。"

但是母亲摸摸孙儿的小脑瓜,变了主意:"还是走小路吧。"她的眼随小路望去:那里有金色的菜花,两行整齐的桑树,//尽头一口水波粼粼的鱼塘。"我走不过去的地方,你就背着我。"母亲对我说。

这样,我们在阳光下,向着那菜花、桑树和鱼塘走去。到了一处,我蹲下来,背起了母亲;妻子也蹲下来,背起了儿子。我和妻子都是慢慢地,稳稳地,走得很仔细,好像我背上的同她背上的加起来,就是整个世界。

(节选自莫怀戚《散步》)

作品34号

地球上是否真的存在"无底洞"?按说地球是圆的,由地壳、地幔和地核三层组成,真正的"无底洞"是不应存在的,我们所看到的各种山洞、裂口、裂缝、甚至火山口也都只是地壳浅部的一种现象。然而中国一些古籍却多次提到海外有个深奥莫测的无底洞。事实上地球上确实有这样一个"无底洞"。它位于希腊亚各斯古城的海滨。由于濒临大海,大涨潮时,汹涌的海水便会排山倒海般地涌入洞中,形成一股湍湍的急流。据测,每天流入洞内的海水量达三万多吨。奇怪的是,如此大量的海水灌入洞中,却从来没有把洞灌满。曾有人怀疑,这个"无底洞",会不会就像石灰岩地区的漏斗、竖井、落水洞一类的地形。然而从二十世纪三十年代以来,人们就做了多种努力企图寻找它的出口,却都是枉费心机。为了揭开这个秘密,一九五八年美国地理学会派出一支考察队,他们把一种经久不变的带色染料溶解在海水中,观察染料是如何随着海水一起沉下去。接着又察看了附近海面以及岛上的各条河、湖,满怀希望地寻找这种带颜色的水,结果令人失望。难道是海水量太大把有色水稀释得太淡,以致无法发现?//

至今谁也不知道为什么这里的海水会没完没了地"漏"下去,这个"无底洞"的出口又在哪里,每天大量的海水究竟都流到哪里去了?

(节选自罗伯特·罗威尔《神秘的"无底洞"》)

作品35号

我在俄国见到的景物再没有比托尔斯泰墓更宏伟、更感人的。

完全按照托尔斯泰的愿望,他的坟墓成了世间最美的,给人印象最深刻的坟墓。它只是树林中的一个小小的长方形土丘,上面开满鲜花——没有十字架,没有墓碑,没有墓志铭,连托尔斯泰这个名字也没有。

这位比谁都感到受自己的声名所累的伟人,却像偶尔被发现的流浪汉,不为人知的士兵,不留名姓地被人埋葬了。谁都可以踏进他最后的安息地,围在四周稀疏的木栅栏是不关闭的——保护列夫·托尔斯泰得以安息的没有任何别的东西,惟有人们的敬意;而通常,人们却总是怀着好奇,去破坏伟人墓地的宁静。

这里,逼人的朴素禁锢住任何一种观赏的闲情,并且不容许你大声说话。风儿俯临,在这座无名者之墓的树木之间飒飒响着,和暖的阳光在坟头嬉戏;冬天,白雪温柔地覆盖这片幽暗的土地。无论你在夏天或冬天经过这儿,你都想象不到,这个小小的、隆起的长方体里安放着一位当代最伟大的人物。

然而,恰恰是这座不留姓名的坟墓,比所有挖空心思用大理石和奢华装饰建造的坟墓更扣人心弦。在今天这个特殊的日子里,//到他的安息地来的成百上千人中间,没有一个有勇气,哪怕仅仅从这幽暗的土丘上摘下一朵花留作纪念。人们重新感到,世界上再没有比托尔斯泰最后留下的、这座纪念碑式的朴素坟墓,更打动人心的了。

(节选自茨威格《世间最美的坟墓》)

作品 36 号

　　我国的建筑，从古代的宫殿到近代的一般住房，绝大部分是对称的，左边怎么样，右边怎么样。苏州园林可绝不讲究对称，好像故意避免似的。东边有了一个亭子或者一道回廊，西边决不会来一个同样的亭子或者一道同样的回廊。这是为什么？我想，用图画来比方，对称的建筑是图案画，不是美术画，而园林是美术画，美术画要求自然之趣，是不讲究对称的。

　　苏州园林里都有假山和池沼。假山的堆叠，可以说是一项艺术而不仅是技术。或者是重峦叠嶂，或者是几座小山配合着竹子花木，全在乎设计者和匠师们生平多阅历，胸中有丘壑，才能使游览者攀登的时候忘却苏州城市，只觉得身在山间。

　　至于池沼，大多引用活水。有些园林池沼宽敞，就把池沼作为全园的中心，其他景物配合着布置。水面假如成河道模样，往往安排桥梁。假如安排两座以上的桥梁，那就一座一个样，决不雷同。

池沼或河道的边沿很少砌齐整的石岸，总是高低屈曲任其自然。还在那儿布置几块玲珑的石头，或者种些花草。这也是为了取得从各个角度看都成一幅画的效果。池沼里养着金鱼或各色鲤鱼，夏秋季节荷花或睡莲开//放，游览者看"鱼戏莲叶间"，又是入画的一景。

（节选自叶圣陶《苏州园林》）

作品 37 号

一位访美中国女作家，在纽约遇到一位卖花的老太太。老太太穿着破旧，身体虚弱，但脸上的神情却是那样祥和兴奋。女作家挑了一朵花说："看起来，你很高兴。"老太太面带微笑地说："是的，一切都这么美好，我为什么不高兴呢？""对烦恼，你倒真能看得开。"女作家又说了一句。没料到，老太太的回答更令女作家大吃一惊："耶稣在星期五被钉上十字架时，是全世界最糟糕的一天，可三天后就是复活节。所以，当我遇到不幸时，就会等待三天，这样一切就恢复正常了。"

"等待三天"，多么富于哲理的话语，多么乐观的生活方式。它把烦恼和痛苦抛下，全力去收获快乐。

沈从文在"文革"期间，陷入了非人的境地。可他毫不在意,他在咸宁时给他的表侄、画家黄永玉写信说:"这里的荷花真好,你若来……"身陷苦难却仍为荷花的盛开欣喜赞叹不已,这是一种趋于澄明的境界,一种旷达洒脱的胸襟,一种面临磨难坦荡从容的气度,一种对生活童子般的热爱和对美好事物无限向往的生命情感。

由此可见,影响一个人快乐的,有时并不是困境及磨难,而是一个人的心态。如果把自己浸泡在积极、乐观、向上的心态中,快乐必然会//占据你的每一天。

(节选自《态度创造快乐》)

作品38号

泰山极顶看日出,历来被描绘成十分壮观的奇景。有人说:登泰山而看不到日出,就像一出大戏没有戏眼,味儿终究有点寡淡。

我去爬山那天,正赶上个难得的好天,万里长空,云彩丝儿都不见。素常,烟雾腾腾的山头,显得眉目分明。同伴们都欣喜地说:"明天早晨准可以看见日出了。"我也是抱着这种想头,爬上山去。

一路从山脚往上爬,细看山景,我觉得挂在眼前的不是五岳独尊的泰山,却像一幅规模惊人的青绿山水画,从下面倒展开来。在画卷中最先露出的是山根底那座明朝建筑岱宗坊,慢慢地便现出王母池、斗母宫、经石峪。山是一层比一层深,一叠比一叠奇,层层叠叠,不知还会有多深多奇。万山丛中,时而点染着极其工细的人物。王母池旁的吕祖殿里有不少尊明塑,塑着吕洞宾等一些人,姿态神情是那样有生气,你看了,不禁会脱口赞叹说:"活啦。"

画卷继续展开,绿阴森森的柏洞露面不太久,便来到对松山。两面奇峰对峙着,满山峰都是奇形怪状的老松,年纪怕都有上千岁了,颜色竟那么浓,浓得好像要流下来似的。来到这儿,你不妨权当一次画里的写意人物,坐在路旁的对松亭里,看看山色,听听流//水和松涛。

一时间,我又觉得自己不仅是在看画卷,却又像是在零零乱乱翻着一卷历史稿本。

(节选自杨朔《泰山极顶》)

作品 39 号

育才小学校长陶行知在校园看到学生王友用泥块砸自己班上的同学,陶行知当即喝止了他,并令他放学后到校长室去。无疑,陶行知是要好好教育这个"顽皮"的学生。那么他是如何教育的呢?

放学后,陶行知来到校长室,王友已经等在门口准备挨训了。可一见面,陶行知却掏出一块糖果送给王友,并说:"这是奖给你的,因为你按时来到这里,而我却迟到了。"王友惊疑地接过糖果。

随后,陶行知又掏出一块糖果放到他手里,说:"这第二块糖果也是奖给你的,因为当我不让你再打人时,你立即就住手了,这说明你很尊重我,我应该奖你。"王友更惊疑了,他眼睛睁得大大的。

陶行知又掏出第三块糖果塞到王友手里,说:"我调查过了,你用泥块砸那些男生,是因为他们不守游戏规则,欺负女生;你砸他们,说明你很正直善良,且有批评不良行为的勇气,应该奖励你啊!"王友感动极了,他流着眼泪后悔地喊道:"陶……陶校长你打我两下吧!我砸的不是坏人,而是自己的同学啊……"

陶行知满意地笑了,他随即掏出第四块糖果递给王友,说:"为你正确地认识错误,我再奖给你一块糖果,只可惜我只有这一块糖果了。我的糖果//没有了,我看我们的谈话也该结束了吧!"说完,就走出了校长室。

(节选自《陶行知的"四块糖果"》)

作品 40 号

享受幸福是需要学习的,当它即将来临的时刻需要提醒。人可以自然而然地学会感官的享乐,却无法天生地掌握幸福的韵律。灵魂的快意同器官的舒适像一对孪生兄弟,时而相傍相依,时而南辕北辙。

幸福是一种心灵的震颤。它像会倾听音乐的耳朵一样,需要不断地训练。

简而言之,幸福就是没有痛苦的时刻。它出现的频率并不像我们想象的那样少。人们常常只是在幸福的金马车已经驶过去很远时,才拣起地上的金鬃毛说,原来我见过它。

人们喜爱回味幸福的标本,却忽略它披着露水散发清香的时刻。那时候我们往往步履匆匆,瞻前顾后不知在忙着什么。

世上有预报台风的,有预报蝗灾的,有预报瘟疫的,有预报地震的。没有人预报幸福。

其实幸福和世界万物一样,有它的征兆。

幸福常常是朦胧的,很有节制地向我们喷洒甘霖。你不要总希望轰轰烈烈的幸福,它多半只是悄悄地扑面而来。你也不要企图把水龙头拧得更大,那样它会很快地流失。你需要静静地以平和之心,体验它的真谛。

幸福绝大多数是朴素的。它不会像信号弹似的,在很高的天际闪烁红色的光芒。它披着本色的外//衣,亲切温暖地包裹起我们。

幸福不喜欢喧嚣浮华,它常常在暗淡中降临。贫困中相濡以沫的一块糕饼,患难中心心相印的一个眼神,父亲一次粗糙的抚摸,女友一张温馨的字条……这都是千金难买的幸福啊。像一粒粒缀在旧绸子上的红宝石,在凄凉中愈发熠熠夺目。

(节选自毕淑敏《提醒幸福》)

作品41号

在里约热内卢的一个贫民窟里,有一个男孩子,他非常喜欢足球,可是又买不起,于是就踢塑料盒,踢汽水瓶,踢从垃圾箱里拣来的椰子壳。他在胡同里踢,在能找到的任何一片空地上踢。

有一天,当他在一处干涸的水塘里猛踢一个猪膀胱时,被一位足球教练看见了。他发现这个男孩儿踢得很像是那么回事,就主动提出要送给他一个足球。小男孩儿得到足球后踢得更卖劲了。不久,他就能准确地把球踢进远处随意摆放的一个水桶里。

圣诞节到了,孩子的妈妈说:"我们没有钱买圣诞礼物送给我们的恩人,就让我们为他祈祷吧。"

小男孩儿跟随妈妈祈祷完毕,向妈妈要了一把铲子便跑了出去。他来到一座别墅前的花园里,开始挖坑。

就在他快要挖好坑的时候,从别墅里走出一个人来,问小孩儿在干什么,孩子抬起满是汗珠的脸蛋儿,说:"教练,圣诞节到了,我没有礼物送给您,我愿给您的圣诞树挖一个树坑。"

教练把小男孩儿从树坑里拉上来，说，"我今天得到了世界上最好的礼物。明天你就到我的训练场去吧。"

三年后，这位十七岁的男孩儿在第六届足球锦标赛上独进二十一球，为巴西第一次捧回了金杯。一个原来不为世人所知的名字——贝利，随之传遍世界。

（节选自刘燕敏《天才的造就》）

作品 42 号

记得我十三岁时，和母亲住在法国东南部的耐斯城。母亲没有丈夫，也没有亲戚，够清苦的，但她经常能拿出令人吃惊的东西，摆在我面前。她从来不吃肉，一再说自己是素食者。然而有一天，我发现母亲正仔细地用一小块碎面包擦那给我煎牛排用的油锅。我明白了她称自己为素食者的真正原因。

我十六岁时，母亲成了耐斯市美蒙旅馆的女经理。这时，她更忙碌了。一天，她瘫在椅子上，脸色苍白，嘴唇发灰。马上找来医生，做出诊断：她摄取了过多的胰岛素。直到这时我才知道母亲多年一直对我隐瞒的疾痛——糖尿病。

她的头歪向枕头一边，痛苦地用手抓挠胸口。

床架上方,则挂着一枚我一九三二年赢得耐斯市少年乒乓球冠军的银质奖章。

啊,是对我的美好前途的憧憬支撑着她活下去,为了给她那荒唐的梦至少加一点儿真实的色彩,我只能继续努力,与时间竞争,直至一九三八年我被征入空军。巴黎很快失陷,我辗转调到英国皇家空军。刚到英国就接到了母亲的来信。这些信是由在瑞士的一个朋友秘密地转到伦敦,送到我手中的。

现在我要回家了,胸前佩带着醒目的绿黑两色的解放十字绶//带,上面挂着五六枚我终身难忘的勋章,肩上还佩带着军官肩章。到达旅馆时,没有一个人跟我打招呼。原来,我母亲在三年半以前就已经离开人间了。

在她死前的几天中,她写了近二百五十封信,把这些信交给她在瑞士的朋友,请这个朋友定时寄给我。就这样,在母亲死后的三年半的时间里,我一直从她身上吸取着力量和勇气——这使我能够继续战斗到胜利那一天。

(节选自罗曼·加里《我的母亲独一无二》)

作品43号

生活对于任何人都非易事,我们必须有坚韧不拔的精神。最要紧的,还是我们自己要有信心。我们必须相信,我们对每一件事情都具有天赋的才能,并且,无论付出任何代价,都要把这件事完成。当事情结束的时候,你要能问心无愧地说:"我已经尽我所能了。"

有一年的春天,我因病被迫在家里休息数周。我注视着我的女儿们所养的蚕正在结茧,这使我很感兴趣。望着这些蚕执著地、勤奋地工作,我感到我和它们非常相似。像它们一样,我总是耐心地把自己的努力集中在一个目标上。我之所以如此,或许是因为有某种力量在鞭策着我——正如蚕被鞭策着去结茧一般。

近五十年来,我致力于科学研究,而研究,就是对真理的探讨。我有许多美好快乐的记忆。少女时期我在巴黎大学,孤独地过着求学的岁月;在后来献身科学的整个时期,我丈夫和我专心致志,像在梦幻中一般,坐在简陋的书房里艰辛地研究,后来我们就在那里发现了镭。

我永远追求安静的工作和简单的家庭生活。为了实现这个理想,我竭力保持宁静的环境,以免受人事的干扰和盛名的拖累。

我深信,在科学方面我们有对事业而不//是对财富的兴趣。我的唯一奢望是在一个自由国家中,以一个自由学者的身份从事研究工作。

我一直沉醉于世界的优美之中,我所热爱的科学也不断增加它崭新的远景。我认定科学本身就具有伟大的美。

(节选自玛丽·居里《我的信念》)

作品44号

我为什么非要教书不可?是因为我喜欢当教师的时间安排表和生活节奏。七、八、九三个月给我提供了进行回顾、研究、写作的良机,并将三者有机融合,而善于回顾、研究和总结正是优秀教师素质中不可缺少的成分。

干这行给了我多种多样的"甘泉"去品尝,找优秀的书籍去研读,到"象牙塔"和实际世界里去发现。教学工作给我提供了继续学习的时间保证,以及多种途径、机遇和挑战。

然而，我爱这一行的真正原因，是爱我的学生。学生们在我的眼前成长、变化。当教师意味着亲历"创造"过程的发生——恰似亲手赋予一团泥土以生命，没有什么比目睹它开始呼吸更激动人心的了。

权利我也有了：我有权利去启发诱导，去激发智慧的火花，去问费心思考的问题，去赞扬回答的尝试，去推荐书籍，去指点迷津。还有什么别的权利能与之相比呢？

而且，教书还给我金钱和权利之外的东西，那就是爱心。不仅有对学生的爱，对书籍的爱，对知识的爱，还有教师才能感受到的对"特别"学生的爱。这些学生，有如冥顽不灵的泥块，由于接受了老师的炽'爱才勃发了生机。

所以，我爱教书，还因为，在那些勃发生机的"特别"学 // 生身上，我有时发现自己和他们呼吸相通，忧乐与共。

（节选自彼得·基·贝得勒《我为什么当教师》）

作品45号

中国西部我们通常是指黄河与秦岭相连一线

以西,包括西北和西南的十二个省、市、自治区。这块广袤的土地面积为五百四十六万平方公里,占国土总面积的百分之五十七;人口二点八亿,占全国总人口的百分之二十三。

西部是华夏文明的源头。华夏祖先的脚步是顺着水边走的:长江上游出土过元谋人牙齿化石,距今约一百七十万年;黄河中游出土过蓝田人头盖骨,距今约七十万年。这两处古人类都比距今约五十万年的北京猿人资格更老。

西部地区是华夏文明的重要发源地。秦皇汉武以后,东西方文化在这里交汇融合,从而有了丝绸之路的驼铃声声,佛院深寺的暮鼓晨钟。敦煌莫高窟是世界文化史上的一个奇迹,它在继承汉晋艺术传统的基础上,形成了自己兼收并蓄的恢宏气度,展现出精美绝伦的艺术形式和博大精深的文化内涵。秦始皇兵马俑、西夏王陵、楼兰古国、布达拉宫、三星堆、大足石刻等历史文化遗产,同样为世界所瞩目,成为中华文化重要的象征。

西部地区又是少数民族及其文化的集萃地,几乎包括了我国所有的少数民族。在一些偏远的少数民族地区，仍保留//了一些久远时代的艺术品种，成为珍贵的"活化石"，如纳西古乐、戏曲、剪纸、刺绣、岩画等民间艺术和宗教艺术。特色鲜明、丰富多彩，犹如一个巨大的民族民间文化艺术宝库。

我们要充分重视和利用这些得天独厚的资源优势，建立良好的民族民间文化生态环境，为西部大开发作出贡献。

(节选自《西部文化和西部开发》)

作品46号

高兴，这是一种具体的被看得到摸得着的事物所唤起的情绪。它是心理的，更是生理的。它容易来也容易去，谁也不应该对它视而不见失之交臂，谁也不应该总是做那些使自己不高兴也使旁人不高兴的事。让我们说一件最容易做也最令人高兴的事吧，尊重你自己，也尊重别人，这是每一个人的权利，我还要说这是每一个人的义务。

快乐，它是一种富有概括性的生存状态、工作状态。它几乎是先验的，它来自生命本身的活力，来自宇宙、地球和人间的吸引,它是世界的丰富、绚丽、阔大、悠久的体现。快乐还是一种力量,是埋在地下的根脉。消灭一个人的快乐比挖掘掉一棵大树的根要难得多。

　　欢欣,这是一种青春的、诗意的情感。它来自面向着未来伸开双臂奔跑的冲力,它来自一种轻松而又神秘、朦胧而又隐秘的激动,它是激情即将到来的预兆,它又是大雨过后的比下雨还要美妙得多也久远得多的回味……

　　喜悦,它是一种带有形而上色彩的修养和境界。与其说它是一种情绪,不如说它是一种智慧、一种超拔、一种悲天悯人的宽容和理解,一种饱经沧桑的充实和自信,一种光明的理性,一种坚定//的成熟,一种战胜了烦恼和庸俗的清明澄澈。它是一潭清水,它是一抹朝霞,它是无边的平原,它是沉默的地平线。多一点儿、再多一点儿喜悦吧,它是翅膀,也是归巢。它是一杯美酒,也是一朵永远开不败的莲花。

(节选自王蒙《喜悦》)

作品 47 号

　　在湾仔,香港最热闹的地方,有一棵榕树,它是最贵的一棵树,不光在香港,在全世界,都是最贵的。

树，活的树，又不卖，何言其贵？只因它老，它粗，是香港百年沧桑的活见证，香港人不忍看着它被砍伐，或者被移走，便跟要占用这片山坡的建筑者谈条件：可以在这儿建大楼盖商厦，但一不准砍树，二不准挪树，必须把它原地精心养起来，成为香港闹市中的一景。太古大厦的建设者最后签了合同，占用这个大山坡建豪华商厦的先决条件是同意保护这棵老树。

树长在半山坡上，计划将树下面的成千上万吨山石全部掏空取走，腾出地方来盖楼，把树架在大楼上面，仿佛它原本是长在楼顶上似的。建设者就地造了一个直径十八米、深十米的大花盆，先固定好这棵老树，再在大花盆底下盖楼。光这一项就花了两千三百八十九万港币，堪称是最昂贵的保护措施了。

太古大厦落成之后，人们可以乘滚动扶梯一次到位，来到太古大厦的顶层，出后门，那儿是一片自然景色。一棵大树出现在人们面前，树干有一米半粗，树冠直径足有二十多米，独木成林，非常壮观，形成一座以它为中心的小公园，取名叫"榕圃"。树前面//插着铜牌,说明原由。此情此景,如不看铜牌的说明,绝对想不到巨树根底下还有一座宏伟的现代大楼。

(节选自舒乙《香港:最贵的一棵树》)

作品48号

我们的船渐渐地逼近榕树了。我有机会看清它的真面目:是一棵大树,有数不清的丫枝,枝上又生根,有许多根一直垂到地上,伸进泥土里。一部分树枝垂到水面,从远处看,就像一棵大树斜躺在水面上一样。

现在正是枝繁叶茂的时节。这棵榕树好像在把它的全部生命力展示给我们看。那么多的绿叶,一簇堆在另一簇的上面,不留一点儿缝隙。翠绿的颜色明亮地在我们的眼前闪耀,似乎每一片树叶上都有一个新的生命在颤动,这美丽的南国的树!

船在树下泊了片刻,岸上很湿,我们没有上去。朋友说这里是"鸟的天堂",有许多鸟在这棵树上做窝,农民不许人去捉它们。我仿佛听见几只鸟扑翅的声音,但是等到我的眼睛注意地看那里

197

时，我却看不见一只鸟的影子。只有无数的树根立在地上，像许多根木桩。地是湿的，大概涨潮时河水常常冲上岸去。"鸟的天堂"里没有一只鸟，我这样想到。船开了，一个朋友拨着船，缓缓地流到河中间去。

第二天，我们划着船到一个朋友的家乡去，就是那个有山有塔的地方。从学校出发，我们又经过那"鸟的天堂"。

这一次是在早晨，阳光照在水面上，也照在树梢上。一切都//显得非常光明。我们的船也在树下泊了片刻。

起初四周围非常清静。后来忽然起了一声鸟叫。我们把手一拍，便看见一只大鸟飞了起来，接着又看见第二只，第三只。我们继续拍掌，很快地这个树林就变得很热闹了。到处都是鸟声，到处都是鸟影。大的，小的，花的，黑的，有的站在枝上叫，有的飞起来，在扑翅膀。

（节选自巴金《小鸟的天堂》）

作品 49 号

有这样一个故事。

有人问：世界上什么东西的气力最大？回答纷纭得很，有的说"象"，有的说"狮"，有人开玩笑似的说：是"金刚"，金刚有多少气力，当然大家全不知道。

结果，这一切答案完全不对，世界上气力最大的，是植物的种子。一粒种子所可以显现出来的力，简直是超越一切。

人的头盖骨，结合得非常致密与坚固，生理学家和解剖学者用尽了一切的方法，要把它完整地分出来，都没有这种力气。后来忽然有人发明了一个方法，就是把一些植物的种子放在要剖析的头盖骨里，给它以温度与湿度，使它发芽。一发芽，这些种子便以可怕的力量，将一切机械力所不能分开的骨骼，完整地分开了。植物种子的力量之大，如此如此。

这，也许特殊了一点儿，常人不容易理解。那么，你看见过笋的成长吗？你看见过被压在瓦砾和石块下面的一棵小草的生长吗？它为着向往阳光，为着达成它的生之意志，不管上面的石块如何重，石与石之间如何狭，它必定要曲曲折折地，但是顽强不屈地透到地面上来。它的根往土壤钻，它的芽往地面挺，这是一种不可抗拒的力，阻止它的石块，结果也被它掀翻，一粒种子的力量之大，如//此如此。

没有一个人将小草叫做"大力士"，但是它的力量之大，的确是世界无比。这种力是一般人看不见的生命力。只要生命存在，这种力就要显现。上面的石块，丝毫不足以阻挡。因为它是一种"长期抗战"的力；有弹性，能屈能伸的力；有韧性，不达目的不止的力。

（节选自夏衍《野草》）

作品 50 号

燕子去了，有再来的时候；杨柳枯了，有再青的时候；桃花谢了，有再开的时候。但是，聪明的，你告诉我，我们的日子为什么一去不复返呢？——是有人偷了他们罢：那是谁？又藏在何处呢？是他们自己逃走了罢：现在又到了哪里呢？

去的尽管去了，来的尽管来着；去来的中间，又怎样地匆匆呢？早上我起来的时候，小屋里射进两三方斜斜的太阳。太阳他有脚啊,轻轻悄悄地挪移了;我也茫茫然跟着旋转。于是——洗手的时候,日子从水盆里过去;吃饭的时候,日子从饭碗里过去;默默时,便从凝然的双眼前过去。我觉察他去的匆匆了,伸出手遮挽时,他又从遮挽着的手边过去;天黑时,我躺在床上,他便伶伶俐俐地从我身上跨过,从我脚边飞去了。等我睁开眼和太阳再见,这算又溜走了一日。我掩着面叹息。但是新来的日子的影儿又开始在叹息里闪过了。

在逃去如飞的日子里,在千门万户的世界里的我能做些什么呢?只有徘徊罢了,只有匆匆罢了;在八千多日的匆匆里,除徘徊外,又剩些什么呢?过去的日子如轻烟,被微风吹散了,如薄雾,被初阳蒸融了;我留着些什么痕迹呢?我何曾留着像游丝样的痕迹呢?我赤裸裸来//到这世界,转眼间也将赤裸裸的回去罢?但不能平的,为什么偏白白走这一遭啊?

你聪明的,告诉我,我们的日子为什么一去不复返呢?

(节选自朱自清《匆匆》)

作品 51 号

有个塌鼻子的小男孩儿，因为两岁时得过脑炎，智力受损，学习起来很吃力。打个比方，别人写作文能写二三百字，他却只能写三五行。但即便这样的作文，他同样能写得很动人。

那是一次作文课，题目是《愿望》。他极其认真的想了半天，然后极认真地写，那作文极短。只有三句话：我有两个愿望，第一个是，妈妈天天笑眯眯地看着我说："你真聪明，"第二个是，老师天天笑眯眯地看着我说："你一点儿也不笨。"

于是，就是这篇作文，深深地打动了他的老师，那位妈妈式的老师不仅给了他最高分，在班上带感情地朗读了这篇作文，还一笔一画地批道：你很聪明，你的作文写得非常感人，请放心，妈妈肯定会格外喜欢你的，老师肯定会格外喜欢你的，大家肯定会格外喜欢你的。

捧着作文本，他笑了，蹦蹦跳跳地回家了，像只喜鹊。但他并没有把作文本拿给妈妈看，他是在等待，等待着一个美好的时刻。

那个时刻终于到了，是妈妈的生日——一个阳光灿烂的星期天:那天,他起得特别早,把作文本装在一个亲手做的美丽的大信封里,等着妈妈醒来。妈妈刚刚睁眼醒来,他就笑眯眯地走到妈妈跟前说:"妈妈,今天是您的生日,我要//送给您一件礼物。"

果然,看着这篇作文,妈妈甜甜地涌出了两行热泪,一把搂住小男孩儿,搂得很紧很紧。

是的,智力可以受损,但爱永远不会。

(节选自张玉庭《一个美丽的故事》)

作品 52 号

小学的时候,有一次我们去海边远足,妈妈没有做便饭,给了我十块钱买午餐。好像走了很久,很久,终于到海边了,大家坐下来便吃饭,荒凉的海边没有商店,我一个人跑到防风林外面去,级任老师要大家把吃剩的饭菜分给我一点儿。有两三个男生留下一点儿给我,还有一个女生,她的米饭拌了酱油,很香。我吃完的时候,她笑眯眯地看着我,短头发,脸圆圆的。

她的名字叫翁香玉。

每天放学的时候,她走的是经过我们家的一条小路,带着一位比她小的男孩儿,可能是弟弟。小路边是一条清澈见底的小溪，两旁竹阴覆盖，我总是远远地跟在她后面，夏日的午后特别炎热，走到半路她会停下来，拿手帕在溪水里浸湿，为小男孩儿擦脸。我也在后面停下来，把肮脏的手帕弄湿了擦脸，再一路远远跟着她回家。

后来我们家搬到镇上去了，过几年我也上了中学。有一天放学回家，在火车上，看见斜对面一位短头发、圆圆脸的女孩儿，一身素净的白衣黑裙。我想她一定不认识我了。火车很快到站了，我随着人群挤向门口，她也走近了，叫我的名字。这是她第一次和我说话。

她笑眯眯的，和我一起走过月台。以后就没有再见过她了。

这篇文章收在我出版的《少年心事》这本书里。书出版后半年，有一天我忽然收到出版社转来的一封信，信封上是陌生的字迹，但清楚地写着我的本名。

信里面说她看到了这篇文章心里非常激动，没想到在离开家乡，漂泊异地这么久之后，会看见自己仍然在一个人的记忆里，她自己也深深记得这其中的每一幕，只是没想到越过遥远的时空，竟然另一个人也深深记得。

（节选自苦伶《永远的记忆》）

作品53号

在繁华的巴黎大街的路旁，站着一个衣衫褴褛、头发斑白、双目失明的老人。他不像其他乞丐那样伸手向过路行人乞讨，而是在身旁立一块木牌，上面写着："我什么也看不见！"街上过往的行人很多，看了木牌上的字都无动于衷，有的还淡淡一笑，便姗姗而去了。

这天中午，法国著名诗人让·彼浩勒也经过这里。他看看木牌上的字，问盲老人："老人家，今天上午有人给你钱吗？"

盲老人叹息着回答："我，我什么也没有得到。"说着，脸上的神情非常悲伤。

让·彼浩勒听了，拿起笔悄悄地在那行字的前面添上了"春天到了，可是"几个字，就匆匆地离开了。

晚上，让·彼浩勒又经过这里，问那个盲老人下午的情况。盲老人笑着回答说："先生，不知为什么，下午给我钱的人多极了！"让·彼浩勒听了，摸着胡子满意地笑了。

"春天到了，可是我什么也看不见！"这富有诗意的语言，产生这么大的作用，就在于它有非常浓厚的感情色彩。是的，春天是美好的，那蓝天白云，那绿树红花，那莺歌燕舞，那流水人家，怎么不叫人陶醉呢？但这良辰美景，对于一个双目失明的人来说，只是一片漆黑。当人们想到这个盲老人，一生中竟连万紫千红的春天//都不曾看到，怎能不对他产生同情之心呢？

（节选自《语言的魅力》）

作品 54 号

有一次，苏东坡的朋友张鹗拿着一张宣纸来求他写一幅字，而且希望他写一点儿关于养生方面的内容。苏东坡思索了一会儿，点点头说："我得到了一个养生长寿古方，药只有四味，今天就赠给你吧。"于是，东坡的狼毫在纸上挥洒起来，上面写着："一曰无事以当贵，二曰早寝以当富，三曰安步以当车，四曰晚食以当肉。"

这哪里有药？张鹗一脸茫然地问。苏东坡笑着解释说，养生长寿的要诀，全在这四句里面。

所谓"无事以当贵"，是指人不要把功名利禄、荣辱过失考虑得太多，如能在情志上潇洒大度，随遇而安，无事以求，这比富贵更能使人终其天年。

"早寝以当富"，指吃好穿好、财货充足，并非就能使你长寿。对老年人来说，养成良好的起居习惯，尤其是早睡早起，比获得任何财富更加宝贵。

"安步以当车"，指人不要过于讲求安逸、肢体不劳，而应多以步行来替代骑马乘车，多运动才可以强健体魄，通畅气血。

"晚食以当肉"，意思是人应该用已饥方食、未饱先止代替对美味佳肴的贪吃无厌。他进一步解释，饿了以后才进食，虽然是粗茶淡饭，但其香甜可口会胜过山珍；如果饱了还要勉强吃，即使美味佳肴摆在眼前也难以//下咽。

苏东坡的四味"长寿药"，实际上是强调了情志、睡眠、运动、饮食四个方面对养生长寿的重要性，这种养生观点即使在今天仍然值得借鉴。

（节选自蒲昭和《赠你四味长寿药》）

作品 55 号

人活着,最要紧的是寻觅到那片代表着生命绿色和人类希望的丛林,然后选一高高的枝头站在那里观览人生,消化痛苦,孕育歌声,愉悦世界!

这可真是一种潇洒的人生态度,这可真是一种心境爽朗的情感风貌。

站在历史的枝头微笑,可以减免许多烦恼。在那里,你可以从众生相所包含的甜酸苦辣、百味人生中寻找你自己;你境遇中的那点儿苦痛,也许相比之下,再也难以占据一席之地;你会较容易地获得从不悦中解脱灵魂的力量,使之不致变得灰色。

人站得高些,不但能有幸早些领略到希望的曙光,还能有幸发现生命的立体的诗篇。每一个人的人生,都是这诗篇中的一个词、一个句子或者一个标点。你可能没有成为一个美丽的词,一个引人注目的句子,一个惊叹号,但你依然是这生命的立体诗篇中的一个音节、一个停顿、一个必不可少的组成部分。这足以使你放弃前嫌,萌生为人类孕育新的歌声的兴致,为世界带来更多的诗意。

最可怕的人生见解，是把多维的生存图景看成平面。因为那平面上刻下的大多是凝固了的历史——过去的遗迹；但活着的人们，活得却是充满着新生智慧的，由//不断逝去的"现在"组成的未来。人生不能像某些鱼类躺着游，人生也不能像某些兽类爬着走，而应该站着向前行，这才是人类应有的生存姿态。

（节选自本杰明·拉什《站在历史的枝头微笑》）

作品56号

中国的第一大岛、台湾省的主岛台湾，位于中国大陆架的东南方，地处东海和南海之间，隔着台湾海峡和大陆相望。天气晴朗的时候，站在福建沿海较高的地方，就可以隐隐约约地望见岛上的高山和云朵。

台湾岛形状狭长，从东到西，最宽处只有一百四十多公里；由南至北，最长的地方约有三百九十多公里。地形像一个纺织用的梭子。

台湾岛上的山脉纵贯南北，中间的中央山脉犹如全岛的脊梁。西部为海拔近四千米的玉山山脉，是中国东部的最高峰。全岛约有三分之一的地方是平地,其余为山地。岛内有缎带般的瀑布,蓝宝石似的湖泊,四季常青的森林和果园,自然景色十分优美。西南部的阿里山和日月潭,台北市郊的大屯山风景区,都是闻名世界的游览胜地。

台湾岛地处热带和温带之间,四面环海,雨水充足,气温受到海洋的调剂,冬暖夏凉,四季如春,这给水稻和果木生长提供了优越的条件。水稻、甘蔗、樟脑是台湾的"三宝"。岛上还盛产鲜果和鱼虾。

台湾岛还是一个闻名世界的"蝴蝶王国"。岛上的蝴蝶共有四百多个品种,其中有不少是世界稀有的珍贵品种。岛上还有不少鸟语花香的蝴//蝶谷,岛上居民利用蝴蝶制作的标本和艺术品,远销许多国家。

(节选自《中国的宝岛——台湾》)

作品57号

对于中国的牛,我有着一种特别尊敬的感情。留给我印象最深的,要算在田垄上的一次"相遇"。一群朋友郊游,我领头在狭窄的阡陌上走,怎料迎面来了几头耕牛,狭道容不下人和牛,终有一方要让路。它们还没有走近,我们已经预计斗不过畜牲,恐怕难免踩到田地泥水里,弄得鞋袜又泥又湿了。正踟蹰的时候,带头的一头牛,在离我们不远的地方停下来,抬起头看看,稍迟疑一下,就自动走下田去。一队耕牛,全跟着它离开阡陌,从我们身边经过。

我们都呆了,回过头来,看着深褐色的牛队,在路的尽头消失,忽然觉得自己受了很大的恩惠。

中国的牛,永远沉默地为人做着沉重的工作。在大地上,在晨光或烈日下,它拖着沉重的犁,低头一步又一步,拖出了身后一列又一列松土,好让人们下种。等到满地金黄或农闲时候,它可能还得担当搬运负重的工作;或终日绕着石磨,朝同一方向,走不计程的路。

在它沉默的劳动中,人便得到应得的收成。

那时候,也许,它可以松一肩重担,站在树下,吃几口嫩草。偶尔摇摇尾巴,摆摆耳朵,赶走飞附身上的苍蝇,已经算是它最闲适的生活了。

中国的牛,没有成群奔跑的习//惯,永远沉沉实实的,默默地工作,平心静气。这就是中国的牛!

(节选自小思《中国的牛》)

作品58号

不管我的梦想能否成为事实,说出来总是好玩儿的:

春天,我将要住在杭州。二十年前,旧历的二月初,在西湖我看见了嫩柳与菜花,碧浪与翠竹。由我看到的那点儿春光,已经可以断定,杭州的春天必定会教人整天生活在诗与图画之中。所以,春天我的家应当是在杭州。

夏天,我想青城山应当算作最理想的地方。在那里,我虽然只住过十天,可是它的幽静已拴住了我的心灵。在我所看见过的山水中,只有这里没有使我失望。到处都是绿,目之所及,那片淡而光润的绿色都在轻轻地颤动,仿佛要流入空中与心中似的。这个绿色会像音乐,涤清了心中的万虑。

秋天一定要住北平。天堂是什么样子,我不知道,但是从我的生活经验去判断,北平之秋便是天堂。论天气,不冷不热。论吃的,苹果、梨、柿子、枣儿、葡萄,每样都有若干种。论花草,菊花种类之多,花式之奇,可以甲天下。西山有红叶可见,北海可以划船——虽然荷花已残,荷叶可还有一片清香。衣食住行,在北平的秋天,是没有一项不使人满意的。

冬天,我还没有打好主意,成都或者相当地合适,虽然并不怎样和暖,可是为了水仙,素心腊梅,各色的茶花,仿佛就受一点儿寒//冷,也颇值得去了。昆明的花也多,而且天气比成都好,可是旧书铺与精美而便宜的小吃远不及成都那么多。好吧,就暂这么规定:冬天不住成都便住昆明吧。

在抗战中,我没能发国难财。我想,抗战胜利以后,我必能阔起来。那时候,假若飞机减价,一二百元就能买一架的话,我就自备一架,择黄道吉日慢慢地飞行。

(节选自老舍《住的梦》)

作品 59 号

我不由得停住了脚步。

从未见过开得这样盛的藤萝,只见一片辉煌的淡紫色,像一条瀑布,从空中垂下,不见其发端,也不见其终极,只是深深浅浅的紫,仿佛在流动,在欢笑,在不停地生长。紫色的大条幅上,泛着点点银光,就像迸溅的水花。仔细看时,才知那是每一朵紫花中的最浅淡的部分,在和阳光互相挑逗。

这里除了光彩,还有淡淡的芳香。香气似乎也是浅紫色的,梦幻一般轻轻地笼罩着我。忽然记起十多年前,家门外也曾有过一大株紫藤萝,它依傍一株枯槐爬得很高,但花朵从来都稀落,东一穗西一串伶仃地挂在树梢,好像在察颜观色,试探什么。后来索性连那稀零的花串也没有了。园中别的紫藤花架也都拆掉,改种了果树。那时的说法是,花和生活腐化有什么必然关系。我曾遗憾地想:这里再看不见藤萝花了。

过了这么多年,藤萝又开花了,而且开得这样盛,这样密,紫色的瀑布遮住了粗壮的盘虬卧龙般的枝干,不断地流着,流着,流向人的心底。

花和人都会遇到各种各样的不幸,但是生命的长河是无止境的。我抚摸了一下那小小的紫色的花舱,那里满装了生命的酒酿,它张满了帆,在这//闪光的花的河流上航行。它是万花中的一朵,也正是由每一个一朵,组成了万花灿烂的流动的瀑布。

在这浅紫色的光辉和浅紫色的芳香中,我不觉加快了脚步。

(节选自宗璞《紫藤萝瀑布》)

作品 60 号

在一次名人访问中,被问及上个世纪最重要的发明是什么时,有人说是电脑,有人说是汽车,等等。但新加坡的一位知名人士却说是冷气机。他解释,如果没有冷气,热带地区如东南亚国家,就不可能有很高的生产力,就不可能达到今天的生活水准。他的回答实事求是,有理有据。

看了上述报道,我突发奇想:为什么没有记者问:"二十世纪最糟糕的发明是什么?"其实二零零二年十月中旬,英国的一家报纸就评出了"人类最糟糕的发明"。获此"殊荣"的,就是人们每天大量使用的塑料袋。

诞生于上个世纪三十年代的塑料袋,其家族包括用塑料制成的快餐饭盒、包装纸、餐用杯盘、饮料

215

瓶、酸奶杯、雪糕杯等等。这些废弃物形成的垃圾，数量多、体积大、重量轻、不降解，给治理工作带来很多技术难题和社会问题。

比如，散落在田间、路边及草丛中的塑料餐盒，一旦被牲畜吞食，就会危及健康甚至导致死亡。填埋废弃塑料袋、塑料餐盒的土地，不能生长庄稼和树木，造成土地板结，而焚烧处理这些塑料垃圾，则会释放出多种化学有毒气体，其中一种称为二噁英的化合物，毒性极大。

此外，在生产塑料袋、塑料餐盒的//过程中使用的氟利昂，对人体免疫系统和生态环境造成的破坏也极为严重。

(节选自林光如《最糟糕的发明》)

附录三　普通话水平测试说话题目30个

说话题要靠个人的语言发挥，没有文本依据，所以说，说话题是有难度的，考生觉得困难主要表现在两方面：首先是该怎么说，其次是如何说得好。

我们首先来谈谈"该怎么说"的问题。

说话题不是口头作文，因此没有必要一篇一篇地写出来、背下来。扣分项目里有"疑似背稿"这一条，也就是感觉到你的语言不是正常的口语，有了背稿子的现象时，是要被扣分的。我们要用自然的语速、语调去说话，让人听着语言流畅、娓娓道来就好，所以不要有压力。

说话题的测试主要是录取前3分钟的语音，所以大家不需要刻意地设计结尾，只要围绕这个话题说话即可。如果担心没话可说，可以在说话开始的时候把话题铺开，给自己多预留一些空间，这样就不会无话可说了。比如"我的学习生活"这个话题，我们可以这样开场："我的学习生活很丰富，我最近在学游泳、打羽毛球、书法等等，我先谈谈学游泳……我再谈谈学打羽毛球……我再谈谈学书法……"一个一个接着说，不愁没有话可说。

普通话水平测试的30个话题是从各个角度在谈我们的生活琐事，看上去细细碎碎，但实际上反映了我们人生观、世界观、价值观，也反映了我们的道德情操和个人修养，如果想考一个高等级的普通话证书，说话不仅要流畅自然、语音标准、语法规范，一定高度的个人境界也是需要注意的。

我们在说话的过程中要注意回避以下几个问题：

1. 离题

首先要认真分析话题，然后围绕话题说话，不要走题，更不能恶意离题。所谓恶意离题就是准备好一个2分钟的语料，然后不管什么题目都往这个话题里生拉硬拽，不顾话题本身的语义范围，这是不可行的。

2. 雷同

从一些文章中改编而来的语料，或者是网络稿件，或者与他人的语料相同，也包括自己前半部分与后半部分相同，这些都属于雷同。

3. 缺时

不说话，或者中间有长时间停顿。也包括无效话语，虽然在说话，但是说话的内容不是话题所要求的，这些都是按照缺时来扣分的。

以上是普通话水平测试中扣分情况最严重的三个问题，并且都是按时间累积扣分的,考生一定要注意规避。

测试的话题就是以下 30 个备选题,接下来我们就这些话题来做一些分析,看看我们该做如何处理。

◀话题1:我的愿望(或理想)

说话提示:首先要了解愿望和理想的相同之处,未实现的才能叫愿望或理想;其次要了解它们的不同之处,愿望相对比较小,理想相对比较大,因而这个话题说起来应该比较容易。可以先从小的时候有过什么愿望(或理想)说起,接着说说随着年龄的增长,学习、生活环境的变化,愿望(或理想)有着怎样的变化;然后再说说现在有什么愿望(或理想)。

◀话题2:我的学习生活

说话提示:学习生活未必就是课堂学习,所有技能的获得都是通过学习获得的,都可以说。我们可以谈谈学习的目的,学习过程中的酸甜苦辣,坚持学习的动力,学习进步给你带来的喜悦和幸福感,等等。

◀话题3:我尊敬的人

说话提示:我尊敬的人可以是名人,可以是普通百姓,也可以是自己的家人。尊敬的原因是说话的重点。一般情况下,被人尊重的是个人品质和道德情操,比如这个人是否孝顺父母,是否与邻居相处和睦,是否爱岗敬业,是否与人为善,是否乐于助人,等等。

◀话题4:我喜爱的动物(或植物)

说话提示:这个话题可以说动物,也可以说植物,最好是说自己了解的。要说你喜欢它的原因是什么。如果是动物,可以说它的习性、喜好,说它与人相处时表现出的智慧与萌态,说它打动你的小故事;如果是植物,可以说它的习性、生存环境、养育方法、观赏价值,等等。

◀话题5:童年的记忆

说话提示:首先要对"童年"的时间段有个正确的理解,一般小学阶段可以称为童年。童年经历有些是让人非常难忘的,这些记忆里有哪些动人的小故事,在印象中有哪些美好或是遗憾,都可以说一说。因为是记忆,所以可以说两三个小故事,也可以说说这些小故事对自己的影响。

◀话题6:我喜爱的职业

说话提示:说自己熟悉或了解的职业,说出喜爱它的原因。我们在讲述的过程中要介绍这个职业的重要性,介绍它的服务对象,介绍你个人对这个职业的理解和想法,你觉得应该如何去发展这个职业以及如何提升它的服务质量。值得注意的是,无论选择何种职业,在讲述自己喜爱这份职业的过程中要注意语言中流露出对这份职业的敬重。

◀话题7:难忘的旅行

说话提示:这个题目重在要说出难忘,我们的每一次旅行都一定有你难忘的点点滴滴,你津津乐道的旅行故事大多都是让你难忘的,要注意挖掘出来。比如,昆明的花海也许让你难忘;黄山的磅礴气势也许让你难忘;华山的奇险也许让你难忘;古道的艰难也许让你难忘。当然,还有许多旅行中发生的故事让你难忘,只要用心讲述,这个话题并不难说。

◀话题8:我的朋友

说话提示:可以先介绍一下朋友的基本情况,从朋友的性格特点、兴趣等方面去说,可以说说自己与他如何成了朋友,朋友让你感动和珍惜的原因,朋友的人品和其特殊的才能,还可以说说在你们交往的过程中所发生的一些有趣的、有意义的事情。

◀话题9:我喜爱的文学(或其他)艺术形式

说话提示:文学艺术形式比较多,比如诗歌、散文、小说、戏剧等,但是选择这个话题时思路应开阔一些,也可以是其他艺术形式。比如,电影、话剧、歌舞、书法、绘画、雕刻等等。既然喜爱,一定也是你非常了解的,可以重点说喜爱它的原因,也可以介绍这种艺术形式的美学价值。

◀话题10:谈谈卫生与健康

说话提示:理解这个话题要从卫生的范畴考虑,我们不能把卫生简单地理解为个人卫生,它包括健康理念、生活方式、饮食习惯、积极健康的心态,甚至一些急救、护理等方面的知识,科学的健康理念源于对卫生知识的了解。可以举例说明卫生知识对健康的影响。

◀话题11:我的业余生活

说话提示:这个话题是很容易说的,我们一般都有自己的业余爱好,把自己喜爱的事情说出来,材料应该是很好组织的。比如,唱歌、跳舞、体育锻炼等等。在介绍业余生活时,要注意文明健康,不要把一些情趣不高的东西说进去,比如打麻将、八卦等最好不说。

◀话题12:我喜欢的季节(或天气)

说话提示:可以选择一两个季节说一说,既然是问你喜欢的季节,一定也有不喜欢的季节。由于喜欢与不喜欢对立,考生在说这个话题时,特别容易离题,忽略了"喜欢的",用了大量时间去说"不喜欢"的季节,这是离题现象,一定要注意避免。在说话的时候,注意多说喜欢的原因,比如,春天的温暖及大自然的美;夏天的假期及漂亮的衣裙;秋天的凉爽及可口的水果;冬天的雪景及各类火锅美食等等。

◀话题13:学习普通话的体会

说话提示:这个话题很好说,咱们根据本书的目录就能理出说话的提纲。可以谈谈声、韵、调的学习,吐字归音的学习,发声训练、朗读训练。也可以谈谈在学习的过程中,在听录音、看电视、模仿说话等过程中,找出自己的缺陷,更正语音习惯等等,在学习中感受到普通话的难易,在工作中对比他人说普通话与方言带来的形象差异,这些都可以说。

◀话题 14:谈谈服饰

说话提示:这个话题可以首先谈谈服饰的作用。服饰可以从实用、美观等方面满足人们不同的需求:服饰的权威性,比如,警察、税务等工作服代表着行使国家权力;服饰的外交功能,比如,来华访问的美国第一夫人米歇尔穿着"中国红"的服饰,表达对中国的友好与尊重,中国国家主席习近平偕夫人彭丽媛到英国进行国事访问,习近平夫妇选择的服饰颜色为英国"皇室蓝",表达对英国王室的尊重,这些服饰都代表友好的外交形象。还可以说说运动服、居家服、休闲服、防晒服等功能性服装。

◀话题 15:我的假日生活

说话提示:注意这个话题与我的业余生活的区别,业余生活侧重于某种爱好,而且业余生活往往每天都可以做,比如,唱歌、书法等。假日生活往往是需要较长的时间才可以完成,所以它和业余生活是有区别的。假日生活侧重于旅游、购物、探亲访友、聚会、学习充电等等,可以详细诉说某一类事,也可以泛泛而谈。

◀话题 16:我的成长之路

说话提示:这个话题是说自己的成长经历,可以选择一件对你有很深的教育意义的事情,说说对你成长的影响;也可以说父母、师长对你的教育和管理,他们改变了你的一些坏习惯,提升了你的修养境界等;还可以说自己的一些坎坷经历和困难,在与困难搏斗的过程中逐渐提高自己对生活的认识以及养成积极的心态,等等。

◀话题 17:谈谈科技发展与社会生活

说话提示:这个话题看起来很大,其实很好说,我们就说说科技产品给我们生活带来的便利,比如,洗衣机、空调、冰箱、电视机、手机、微信、支付宝等等。可以说说改革开放之后,我国科技发展的日新月异给我们的生活带来的巨大改变,可以泛泛而谈,也可以和以前的生活进行对比,还有交通、住房、服装、教育、传媒等等的变化都可以说说。

◀话题 18:我知道的风俗

说话提示:我国地域辽阔,各地风俗很多,有些风俗是共同的,比如,春节、清明、端午、中秋,其风俗大同小异。也有些风俗各地不同,比如婚丧嫁娶等。可以根据各地习俗,选择一两件说,也可以一一介绍。

◀话题 19:我和体育

说话提示:这个题目不是锁定在体育锻炼这个问题上,所以不要纠结自己是否热爱运动,如果你喜爱体育运动就好说多了;如果不是特别爱运动,也可以从体育设施、体育理念、体育节目、体育产品等方面说,可说的内容依然很多。

◀话题 20:我的家乡(或熟悉的地方)

说话提示:家乡是我们很熟悉的地方,很多人说到自己的家乡就滔滔不绝,非常自豪,所以这个话题一点也不难。我们在讲这个话题时可以从家乡的历史、文化、自然风景、气候、建筑、美食等方面组织语料。

◀ **话题21：谈谈美食**

说话提示：只要是好吃的、你爱吃的都可以被称之为美食，这个话题也非常好说，大家找到自己喜欢的食品，把它介绍出来就可以了，我们可以介绍美食的制作过程，也可以介绍哪家店铺的美食比较正宗，可以谈谈它的食料，也可以说说自己在享受这份美食时的心情和幸福感。

◀ **话题22：我喜欢的节日**

说话提示：看错这个题目的考生很多，很多考生把它说成了我喜欢的节目，目前我国的普通话测试中没有"我喜欢的节目"这个话题，如果说错了，就是离题了。

我国的节日很多，有传统节日，如春节、清明节、端午节、中秋节、重阳节等等；也有纪念意义的节日，如元旦、三八妇女节、五四青年节、六一儿童节、国庆节，这些都可以是自己喜欢的节日，要说的重点当然是喜欢的原因。

◀ **话题23：我所在的集体（学校、机关、公司等）**

说话提示：集体是多样的，单位、学校、公司是集体，小组、家庭是集体，甚至业余爱好团队，如旅游团、舞蹈团、游泳队、球队等也是集体，可以介绍它的名称、人员和组队原因，可以说集体共同活动给你带来的快乐、幸福感，也可以说各自的观点在发生分歧时的团队情况等。

◀ **话题24：谈谈社会公德（或职业道德）**

说话提示：这个话题和下一个话题是姊妹题，这两个话题实际上属于同一范畴，都属于个人品质范畴。遵守社会公德和职业道德，可以体现出个人修养，体现出个人的自律精神，也体现出对他人的关爱，公德是个人在公共环境中体现出来的道德素养，它会影响到他人的幸福感；职业道德是个人在职场中体现出来的道德品质，它会影响到团队建设、同事感情。所以这个话题依旧会谈及个人修养，没有个人修养，就无法谈及公德和职业道德，因此，我认为这个话题可以和下一个话题结合起来说。

◀ **话题25：谈谈个人修养**

说话提示：个人修养是一个人文化知识水平和道德水平的综合反映，是一个人待人处事的态度。具体可以参考上一话题的提示。

◀ **话题26：我喜欢的明星（或其他知名人士）**

说话提示：明星作为社会公众人物，其言行对社会的影响比较大，这不仅关乎他的个人形象，同时他在社会中也起着引领的作用。我们喜欢的明星可以是影视明星、娱乐明星、主持人、戏曲明星、体育明星、网络明星等，重要的是我们喜欢他们什么，我们在这个话题中特别能够显示出个人的思想状态，境界高低。我们可以欣赏他们的艺术，欣赏他们在慈善活动中的表现，欣赏他们乐观积极和勤奋的工作态度。

◀话题 27：我喜爱的书刊

说话提示：喜爱的书刊，可以是书，也可以是刊。说书可以说喜欢的内容，比如某本书的情节生动、语言风格独特等；说刊可以说这种刊物吸引自己的是什么，要结合刊物的知识面进行介绍，不能就书刊的具体内容讲故事，这样有离题的风险。

◀话题 28：谈谈对环境保护的认识

说话提示：人们的环境保护意识已经越来越强烈，环境问题也是大家非常关心的问题，现在的环境问题涉及空气、水、食品，城市的灯光已经让我们久违了星星，这一切都会涉及每个人的生存质量，大家可以从身边说起，从日常生活说起，并积极地宣传保护环境的措施。

◀话题 29：我向往的地方

说话提示：向往的地方一定有你的梦想，可以是风景名胜，也可以是实现梦想的地方。风景名胜的美丽令人向往自然会很好说，而承载梦想的地方令人向往就更有故事可说了。比如，你爱舞蹈，你向往的地方也许就是北京舞蹈学院，你喜欢画画，你向往的地方可能就是中央美院，可以说说你的追求、你的梦想、你为之奋斗的经历。

◀话题 30：购物（消费）的感受

说话提示：现在的购物形式是非常丰富的，以前女人爱购物、爱逛街，现在男士也爱购物，因为可以网购。我们可以从传统的商场购物说到现在的购物消费已经发生的变化，网购、快递、美团、拼多多，微信支付、支付宝支付等形式方便快捷，在这样的购物环境中，我们的购物心情也发生了很大的变化。

参考文献

[1] 国家语言文字工作委员会普通话培训测试中心.普通话水平测试实施纲要[M].北京:商务印书馆,2004.
[2] 王璐.播音员主持人训练手册[M].北京:中国传媒大学出版社,1998.
[3] 周翰雯.演员艺术语言基本技巧[M].北京:文化艺术出版社,2003.
[4] 张颂.朗读学[M].北京:中国传媒大学出版社,2010.